Bien manger

www.marylenejamaux.com

Correction et relecture : Anne Desmier
Création des pictogrammes : Jessica Maestripieri
Conception et réalisation graphique : Caroline Robin

ISBN : 978-2-7033-1285-7
Dépôt légal : février 2022

Éditions Dangles
Une marque du groupe éditorial Piktos.
355, rue de la Montagne-Noire – 31750 Escalquens
Tél. : 05 61 00 09 86 (accueil) – 05 81 91 31 31 (commandes)
Courriel : contact@piktos.fr
Site Internet : www.editions-dangles.fr
@editionsdangles
Éditions Dangles

Avertissement

Les conseils en naturopathie présentés dans ce guide sont applicables aux personnes adultes et en bonne santé.

Ni l'auteur ni l'éditeur ne sont responsables des dommages présumés ou réels qui pourraient découler d'une mauvaise pratique ou interprétation des lecteurs, ou de l'application directe ou indirecte des conseils présentés dans cet ouvrage.
Les recommandations contenues dans ce livre ne remplacent pas le diagnostic et les conseils des services médicaux, et ne doivent en aucun cas se substituer à un traitement médical.

Marylène Jamaux

Bien manger

Les secrets d'une naturopathe

Dangles
EDITIONS

« Se nourrir est un besoin, savoir manger est un art. »

François Rabelais

Sommaire

Préface **11**

Introduction **15**

Chapitre I : Du chasseur-cueilleur à l'être humain contemporain, en Occident **16**

La nutrition, d'hier à aujourd'hui 16
Les maladies de civilisation 18
Les croyances 20

Chapitre II : Répondre à un besoin fondamental **22**

Pourquoi mangeons-nous ? 22
Physiologie de la digestion 24
Les liquides digestifs 25
Les enzymes 26
Le temps buccal 27
Le temps gastrique 28
Le temps intestinal 29
Le temps colique et la fin de la digestion 31

Manger pour répondre aux besoins en énergie 32
Les protéines 32
Les glucides 35
Les lipides 36

Manger pour répondre aux besoins en fibres, vitamines et minéraux 41
Les fibres 41
Les vitamines 42
Les minéraux et les oligoéléments 55

Manger vivant 58
Le cru 58
Les aliments entiers 60
L'origine des cultures et des produits 61
Les modes de cuisson 63
Les boissons 64

Chapitre III : Bien manger, bien digérer **66**

Découvrir son profil alimentaire en naturopathie 66
Le temps du repas 71
Composer son assiette 73
Manger chaud ou manger froid ? 76
L'assiette type 76
Un panier à provisions qui privilégie la qualité des produits .. 82

L'équilibre acido-basique 94
Axe n° 1 : régler l'alimentation 95
Axe n° 2 : favoriser l'élimination des acides par le corps 96
Axe n° 3 : reminéraliser 96

Chapitre IV : Les erreurs les plus fréquentes **97**

Une assiette trop riche ou mal conçue 99
Une nourriture dévitalisée 100
Oui, à la mastication, et non, au repas au « lance-pierre » 102

L'absence de petit déjeuner 104
Un repas du soir tardif 104
Non-stop alimentaire et fringales 105
Trop de sel dans les préparations 107
Pas assez de bons gras dans l'assiette 108
Pas assez de protéines dans l'assiette 109
Trop de protéines dans l'assiette 110
Laitages en quantité trop importante 111
Trop de boisson pendant le repas 113

Chapitre V : Entretenir la fonction digestive 114

Les plantes du système digestif 114

En cas de brûlures d'estomac et de reflux 115
Les plantes indiquées 116

En cas de lenteurs digestives, digestion des graisses difficiles 117
Les plantes indiquées 117

En cas de ballonnements et de gaz 118
La plante indiquée 118

En cas de spasme, colite, douleurs intestinales 119
Les plantes indiquées 119

En cas de transit accéléré 120
La plante indiquée 120

En cas de constipation occasionnelle 121
Les plantes indiquées 121

Entretenir son foie 122
Pour soutenir la digestion 123
Pour un nettoyage en profondeur 124
Pour une action de protection du foie 125
Pour dégraisser un foie gras (cholestérol, triglycérides) 125

Entretenir son intestin 126
L'intestin 127
La flore intestinale 133
Les plantes indiquées 137

Conclusion **139**

Annexes **141**

Annexe n° 1
Faire germer ses graines, mode d'emploi pour commencer 141

Annexe n° 2
Bien choisir son pollen 143

Notes **146**

Préface

Hippocrate, médecin grec de l'Antiquité (Ve siècle av. J.-C.) et père symbolique de la médecine, avait affirmé : « Que ton alimentation soit ta première médecine. »

Il rappelait ainsi que l'équilibre alimentaire était la priorité pour rester en bonne santé. Les adeptes d'une médecine moderne, avant tout industrielle, aiment mentionner que cette citation date d'une époque où les médicaments étaient rares et peu efficaces. C'est d'ailleurs une des raisons pour laquelle la diététique et la nutrition sont les parents pauvres des études de médecine.

Ainsi, pendant mes études à la faculté Necker enfants malades (une des plus réputées), on m'a tout expliqué sur le métabolisme de la vitamine E, mais rien sur les conseils diététiques que je devrais donner à mes patients pour les aider à être en meilleure santé.

Quarante ans plus tard, les pratiques n'ont pas beaucoup évolué. Les personnes atteintes d'ostéoporose continuent de se voir recommander des laitages et celles atteintes d'un cholestérol élevé ne peuvent plus manger de beurre. Cependant, aucune étude scientifique ne permet d'appuyer ces recommandations.

Inversement, cela fait bientôt vingt ans qu'on a prouvé sans le moindre doute que les acides gras trans augmentaient le risque de cancer ou de maladies cardiovasculaires. Pourtant, trop peu de spécialistes l'expliquent à leurs patients et nous entendons rarement des messages de santé publique à ce sujet.

Au-delà des choix alimentaires si importants pour notre santé, on néglige tout autant la qualité de la digestion ou l'équilibre de notre flore. Pourtant des milliers d'études montrent l'implication de notre microbiote dans de nombreuses maladies.

C'est pourquoi, en même temps que la médecine moderne devenait de plus en plus technique, industrielle, avec une tendance à promouvoir une pensée unique, beaucoup d'adeptes d'une approche plus naturelle de la santé devenaient de véritables spécialistes de la diététique et du tube digestif.

J'ai raconté dans plusieurs livres comment j'avais appris les secrets de la digestion et de l'équilibre alimentaire avec un grand naturopathe, Robert Masson. Il en savait plus sur la physiologie que beaucoup des professeurs que j'écoutais religieusement en fac de médecine. Depuis son ouvrage sur l'eutynotrophie[1] (la science du bien-manger pour être en bonne santé), qui est pour moi une des références dans ce domaine, j'ai lu bien des livres sur la nutrition.

Celui que vous avez entre les mains, écrit par Marylène Jamaux, m'a séduit parce qu'il reprend les bases de la physiologie digestive et des règles diététiques. Trop de livres sont simplement établis sur l'idée qu'il suffit de manger bio ou de choisir des aliments naturels pour que l'alimentation soit équilibrée. Cependant, il n'existe pas qu'une seule façon de bien manger. Il faut se méfier des modes, des croyances générant des exclusions excessives.

Une alimentation équilibrée doit se baser sur une bonne connaissance des macro- et micronutriments et sur une bonne compréhension de tous les mécanismes digestifs. C'est ce que nous explique Marylène Jamaux avec simplicité et clarté : avant de nous aider à composer notre assiette, elle nous expose pourquoi faire tel ou tel choix. Ce type d'approche rigoureuse et appuyée sur la physiologie devrait être enseignée à tous les thérapeutes, car c'est réellement la base de la santé.

Depuis mon premier ouvrage sur l'alimentation de l'enfant, j'en suis absolument persuadé : si on arrive à mettre en place une alimentation équilibrée et adaptée à notre terrain et si on aide l'organisme à bien éliminer ses déchets, il y a peu de raison d'être malade. On peut tomber et se blesser, mais on se réparera plus facilement. On peut attraper un microbe, mais on s'en débarrassera plus rapidement. Je suis même certain que l'on affrontera mieux les difficultés de la vie.

Ajouter de la vie aux années, voilà le premier but d'un programme diététique adapté à notre génétique, à notre terrain et à notre rythme de vie. Évidemment, une alimentation saine a besoin d'être associée à un mode de vie sain en limitant l'exposition aux polluants et en pratiquant une activité physique régulière.

Comme le disait Hippocrate, l'alimentation reste la première médecine. Et bien manger est une prévention, cela permet de rester en bonne santé, certes, mais cela permet aussi de soigner différentes maladies.

Et c'est beaucoup plus simple qu'on ne le croit.
Alors bonne lecture et bon appétit !

Docteur Éric Ménat
Médecin généraliste, diplômé en diététique
et maladies de la nutrition,
enseignant et auteur de nombreux ouvrages sur la nutrition.

Introduction

Manger peut être simple et sans souci, à condition de respecter sa constitution et ses besoins.
Lors de mes rencontres avec les personnes qui viennent me voir pour des conseils en alimentation, je constate bien souvent qu'elles sont perdues dans la multitude des recommandations, ou fonctionnent avec des croyances qui ne sont plus d'actualité. J'ai donc réalisé ce guide pratique en pensant à elles. À ces personnes qui se posent des questions et sont en recherche d'un mode alimentaire plus sain sans toutefois vouloir s'inscrire dans des courants particuliers.

Après un petit tour d'horizon des modes alimentaires des êtres humains depuis la nuit des temps à nos jours, ce guide vous permettra de repenser pas à pas votre alimentation en repartant des bases et en les adaptant à votre cas !
Après avoir déterminé votre constitution, vous y apprendrez comment composer vos repas et les clés pour une digestion optimale.
Pour aller plus loin, vous découvrirez les erreurs fréquemment rencontrées et leurs solutions.
Enfin, vous aurez à votre disposition toutes les clés pour entretenir votre système digestif en vue d'un fonctionnement harmonieux et sur le long terme.

1 Du chasseur-cueilleur à l'être humain contemporain, en Occident

La nutrition, d'hier à aujourd'hui

Il est loin le temps où nous nous levions chaque matin avec la préoccupation principale de rechercher de la nourriture pour vivre[2].
Jusqu'à la sédentarisation de l'espèce humaine, l'homme australopithèque passe quelques heures de sa journée à la recherche de nourriture. Il prélève dans la nature ce dont il a besoin pour se nourrir : fruits, graminées, poissons et coquillages, tubercules, noix et baies, petits animaux sauvages (dont insectes) et à l'occasion charognes. Il ne produit pas de nourriture mais commence à sélectionner les arbres donnant les plus gros fruits (châtaignes et glands).

Ce mode alimentaire l'amène à se déplacer en fonction des ressources disponibles. Une époque d'abondance, selon l'anthropologue américain Marshall Sahlins[3].
Majoritairement (mais pas totalement) végétarien au départ, l'homme paléolithique évolue sur un régime très carné avec l'apparition du feu. La chasse lui fournit une grande partie de sa nourriture. La présence de végétaux riches en vitamines reste toutefois

très importante (de trois à dix fois plus que de nos jours !).

Comment mange-t-on au Moyen Âge ?

Ni cuillère, ni fourchette, ni assiette, mais des plats communs, une tranche de pain sur laquelle on posait sa viande, et le tour était joué. Les verres (un pour deux) étaient présents, mais surtout pour la consommation de vin ou d'hydromel notamment. L'eau n'était pas toujours salubre.

Au Néolithique, l'adoption de l'agriculture et donc la fin du nomadisme le font entrer dans une période moins faste. Les cultures et l'élevage apparaissent. Le lait et le fromage sont introduits dans l'alimentation. Les céréales prennent une place prépondérante. Elles seraient à l'origine des premières caries ! La sédentarisation rend l'homme dépendant de la terre, de la météorologie, de la situation politique du pays. Et les récoltes ne sont pas toujours au rendez-vous. Les nombreuses famines du Moyen Âge en témoignent. Les céréales, essentiellement orge, seigle et avoine, sont la base de l'alimentation. Le blé est réservé aux « riches ». La provenance des aliments est principalement locale, faute de pouvoir les conserver.

Le temps des conquêtes et la découverte du Nouveau Monde apporteront sur nos tables des variétés d'aliments inconnus jusqu'alors : pommes de terre, tomates, potirons...
À partir du XVIIIe siècle, l'urbanisation et l'arrivée de nouvelles techniques de culture et de conservation transforment foncièrement la façon de se nourrir. Les rendements sont importants. Les conserves font leur apparition. Les produits frais sont moins consommés au profit d'aliments transformés. Le commerce des aliments se mondialise.
Cette période d'abondance se poursuit ensuite jusqu'aux dérives industrielles que nous connaissons aujourd'hui avec les produits

ultra-transformés, trop salés, trop sucrés, trop gras, trop chauffés..., et son cortège de maladies de civilisation ; diabète, obésité... En réaction, de nombreux courants alimentaires tentent de s'imposer pour une vie plus saine : locavore, flexitarien, végétarien, végétarien « élargi », vegan...
Par ailleurs, la sociabilité créée par le moment du repas est longtemps restée le fil rouge de notre cohésion familiale et sociale. Aujourd'hui, les évolutions de la société (optimisation du travail, augmentation de la productivité, généralisation du travail des femmes à l'extérieur...) tendent à transformer les façons de se nourrir : repas pris seul et sur le pouce, debout au comptoir, devant son ordinateur ou quand on en a le temps...

Les maladies de civilisation

Maladies cardiovasculaires, maladies auto-immunes, maladies dégénératives, diabète de type 2, maladie du foie gras (NASH), obésité, cancer... autant de pathologies quasi inexistantes il y a deux siècles.

Quelques chiffres

- Les maladies cardiovasculaires sont la première cause de mortalité dans le monde[4];
- L'obésité tue plus que l'insuffisance pondérale ;
- En 2016, à l'échelle mondiale : 39 % des hommes et 40 % des femmes sont en surpoids ;
- En France, en 2019 : 17 % des adultes et 17 % des enfants de 6 à 17 ans sont en surpoids ou obèses[5] ;
- L'incidence du diabète est plus élevée chez les personnes situées dans les zones socio-économiques défavorisées.

Les maladies de civilisation représentent la moitié des décès dans notre pays. C'est un constat, les maladies d'abondance nous envahissent. Liées au mode de vie d'aujourd'hui, mélange de malbouffe, de stress, de produits toxiques et de sédentarité à outrance, elles font chaque année plus de ravages. Or, elles ne sont en rien une fatalité. De nombreux outils sont à notre disposition pour rétablir l'équilibre. L'alimentation en est un.

Conséquences de toutes ces problématiques de notre époque, nous sommes aujourd'hui noyés sous un florilège de conseils contradictoires et de courants alimentaires divers et variés. Et il est bien difficile d'y voir clair. Nous en sommes à penser que manger est devenu compliqué voire nocif pour la santé. Or la santé est une notion d'équilibre. Il n'y a pas de santé parfaite. Il y a un équilibre de santé. L'alimentation y contribue bien sûr, mais elle n'est pas la seule. Les facteurs sociaux, environnementaux, physiques, culturels ou spirituels sont autant d'éléments à prendre en compte.
Du point de vue de la naturopathie, la maladie aiguë est souvent un nettoyage, un réajustement salvateur qu'il faut savoir accueillir, voire encourager. Elle est l'expression de notre vitalité, ce flux d'énergie dont parlent la plupart des médecines ancestrales (le chi en Chine, le qi au Japon, le prāna en Inde...). Notre corps possède des capacités d'adaptation et de défense extraordinaires qui autorisent de la souplesse. Si nous sommes à son écoute, il nous enseigne ce qui est bon pour nous et quand nous avons franchi les limites !

Les croyances

Notre alimentation est gouvernée par des croyances et des mémoires collectives. Pour certains d'entre nous, la peur du manque persiste de manière inconsciente et nous oblige à finir notre assiette même si la faim est apaisée. Pour d'autres, cette peur du manque a été remplacée par la peur de mal se nourrir ou d'absorber de la nourriture peu fiable.
Les croyances évoluent aussi avec les époques. Autrefois valorisé et signe de richesse, le surpoids est aujourd'hui associé à la mauvaise santé.

Le gras, longtemps accusé de tous les maux, était devenu la bête noire de tous les régimes. Il est aujourd'hui réhabilité. L'organisme a un besoin crucial de bon gras. D'ailleurs, après avoir été quelques années à la mode, les produits *light* ne font plus recette.

Aux croyances s'associent aussi d'autres éléments, telle la minceur devenue critère de beauté ou la culpabilité liée à la consommation de sucre.

Le moment est donc venu de prendre un peu de recul et de retrouver le pouvoir. Le premier conseiller, c'est vous !

Sommes-nous omnivores ? La question se pose. De nombreux courants alimentaires s'opposent sur le sujet et je n'ai pas l'intention de relancer le débat. Le fait est que, depuis toujours, par choix ou non, même en infime quantité, l'homme a consommé des produits animaux[6]. Certaines des vitamines indispensables au bon fonctionnement de notre corps se trouvent d'ailleurs principalement (mais pas uniquement) dans le monde animal. C'est notamment le cas de la vitamine B12, qui devrait être prise en supplément dans le cadre d'un régime végétarien.

Aujourd'hui, en Occident, nous vivons dans l'abondance et dans le luxe de pouvoir choisir le mode alimentaire qui nous convient le mieux. C'est l'occasion de le remettre en question et de faire de vrais choix de qualité et de santé.

Que mange-t-on au Moyen Âge ?

Au Moyen Âge, ce qui vient de la terre est déconsidéré ou jugé « impur ». Les légumes racines ne sont pas consommés par la classe aisée, qui les laisse aux pauvres.

Répondre à un besoin fondamental

2

Pourquoi mangeons-nous ?

Nous mangeons tout d'abord pour des questions physiologiques et de santé : renouvellement de l'énergie, croissance et maintien de notre structure, réparation des cellules et tissus endommagés. Pour cela, le corps a besoin de recevoir régulièrement de nouveaux substrats, pour son bon fonctionnement et la préservation de son intégrité dans le temps. Pas de repos, même la nuit, pour l'organisme, qui est en mouvement perpétuel. Le renouvellement cellulaire est permanent et plus ou moins rapide selon les organes.
Le corps fonctionne selon un rythme bien défini d'environ vingt-quatre heures, le rythme circadien. Pendant ces vingt-quatre heures :

- La température est régulée ;
- Les hormones sont secrétées selon des rythmes précis (cortisol le matin, mélatonine le soir...) ;
- Les cellules se renouvellent (les enfants grandissent) ;
- Les organes émonctoires (foie, poumons, gros intestin, reins) procèdent à un nettoyage de fond (la nuit)...

> *Le mot « compagnon » vient du latin* companio *(*cum *+* panis*), « celui avec qui on partage le pain », d'où vient aussi le mot « copain ».*

La qualité des ressources emmagasinées le jour conditionnera fortement ces différentes opérations. Plus ce travail métabolique sera efficace, plus vous serez en forme le matin et plus il vous sera facile de vous lever sur le long terme.

Au-delà de la santé, manger est aussi un acte éminemment social, un acte de cohésion, voire un rite d'appartenance. Depuis la nuit des temps, manger nous réunit, nous maintient ensemble, conforte nos croyances ou les met en doute.

Manger en société implique souvent que nous mangions tous la même chose ou que nous adoptions tous les mêmes codes. Par exemple, il peut être difficile de refuser de boire du vin lors d'un repas d'affaires ou compliqué de se retrouver à table avec des personnes qui s'alimentent différemment. Les divers modes alimentaires ne sont d'ailleurs pas toujours bien vus. Nombreuses sont les personnes se plaignant de recevoir des remarques plus ou moins sympathiques parce qu'elles mangent autrement.

Inversement, ces dernières décennies avec leurs rythmes de vie effrénés ont aussi vu l'avènement du mangeur solitaire qui se nourrit à toute heure de ce qu'il a sous la main et bien souvent au détriment de sa santé.

À l'extrême, manger ou ne pas manger peut devenir un outil de revendication : grève de la faim pour des raisons politiques, manifestations de mal-être à l'adolescence…

Physiologie de la digestion

Dépendante des commandes nerveuses et hormonales, la digestion est un phénomène complexe qui fait appel à des processus involontaires (sauf la mastication) et qui combine deux aspects, l'un mécanique, l'autre chimique[7].

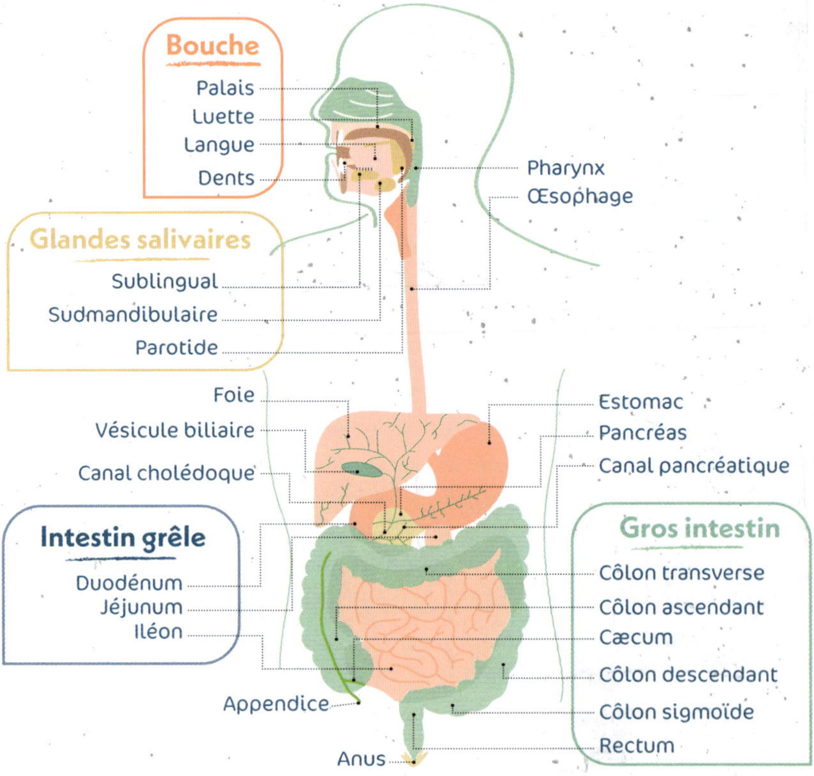

Appareil digestif de l'être humain*.

* Visuel adapté selon celui de M. Ruiz, Jmarchn, « Schéma du système digestif humain », traduit en français par Moez, décembre 2006.

Les processus mécaniques concernent les différentes contractions musculaires et mouvements automatiques (péristaltiques) que l'appareil digestif réalise pour le transit de la nourriture dans les différents organes de digestion. Dans chacun d'eux, un temps moyen de traitement du « bol alimentaire » est programmé :

- Cavité buccale : quelques secondes ;
- Estomac : trois à quatre heures (peut aller jusqu'à six ou sept heures) ;
- Intestin grêle : six à neuf heures ;
- Gros intestin (côlon) : six à sept heures ;
- Rectum : six à sept heures.

Pendant ces différents temps, les aliments progressent à l'intérieur du tube digestif et subissent des transformations chimiques par les liquides digestifs et les enzymes. Le temps total de la digestion se situe entre seize et vingt heures, parfois plus quand tout ne se passe pas comme prévu.

Les liquides digestifs

En réponse aux stimuli visuels, odorants, auditifs, gustatifs… qu'ils reçoivent au moment où l'on se met à table, les différents organes de la digestion, sur commande du cerveau, fabriquent les liquides digestifs :

- La salive ;
- Le suc gastrique (composé notamment d'acide chlorhydrique) ;
- Le suc pancréatique ;
- La bile ;
- Le suc intestinal.

Ces sucs digestifs sont composés d'eau, de mucus (pour hydrater et protéger les parois du tube digestif et éviter qu'il s'autodigère !), de sels minéraux et d'enzymes spécifiques selon l'organe digestif.

Les enzymes

Les enzymes sont « des protéines accélérant les réactions chimiques de l'organisme[8] ». Elles existent par milliers dans notre corps et sont incontournables dans l'alimentation. La plupart jouent un rôle dans le fonctionnement de nos cellules, mais certaines sont spécifiques de la digestion. Pas de digestion efficace sans une quantité suffisante d'enzymes ! Elles sont contenues dans les sucs digestifs et agissent comme de petites usines à découper et à réduire la nourriture, afin d'en extraire les différents nutriments qui la composent et dont le corps a besoin.

Ce système est très élaboré puisqu'il existe des enzymes dédiées pour chaque classe d'aliments (glucides, lipides, protéines), comme précisé dans les différents temps suivants[9]. Elles sont interdépendantes des minéraux (magnésium, potassium...) et des vitamines qui participent à leur sécrétion et à leur activation. Elles sont fragiles et sensibles à l'acidité du milieu (pH) et à la température. Bien que les études diffèrent sur ce sujet, il semble que c'est autour de 37 °C que les enzymes soient à leur activité optimale. À partir de 45 °C, elles commencent à perdre de leur efficacité et, au-delà de 60 °C, elles sont inactivées[10]. Ainsi, plus notre nourriture est cuite et plus nous sollicitons nos propres enzymes (*cf.* « Le temps intestinal »). Au quotidien, les enzymes nécessaires à la digestion doivent aussi être apportées par les aliments crus, qui en sont fortement pourvus (fruits, légumes, graines germées, oléagineux...). Cela permet à la fois d'épargner notre capital enzymatique et de fournir au corps les vitamines et minéraux indispensables à leur fabrication.

Beaucoup de difficultés digestives sont en lien avec une carence enzymatique. Pour Jean Seignalet, cette dernière serait impliquée dans de nombreuses maladies telles que l'obésité, le diabète de type 2, les maladies de la sphère rhumatologique et le vieillissement[11].

Le temps buccal

Le temps dans la bouche est assez court, de l'ordre de quelques secondes à quelques minutes tout au plus. À ce niveau pourtant, les phénomènes liés à la mastication sont très importants. La force des mâchoires combinée au tranchant des dents va exécuter un travail de découpage, broyage, déchiquetage indispensable en vue des étapes suivantes. Plus les aliments sont réduits, plus la digestion est facilitée. Une bonne dentition est obligatoire !

Dans le même temps, les processus chimiques s'activent. Les glandes salivaires, situées dans la bouche, produisent la salive (jusqu'à 1,5 litre par jour)[12].

Ce liquide possède plusieurs fonctions :

- Lubrifiant (mucus), il favorise une bonne déglutition des aliments dans l'œsophage ;
- Bactéricide, il maintient une flore buccale saine ;
- Enzymatique, il contient, principalement, de l'amylase et de la lipase ; l'amylase commence à réduire les sucres complexes (amidon des féculents) en particules plus petites tandis que la lipase intervient sur les graisses.

À l'issue de ces opérations, le « bol alimentaire » transite dans l'œsophage (où il n'y a pas de digestion) en direction de l'estomac grâce à des mouvements d'ondes « automatiques » (les mouvements péristaltiques).

Le temps gastrique

Ici, de nouveau, nous retrouvons une combinaison de phénomènes mécaniques et chimiques. L'estomac est une grosse poche musculeuse qui broie et malaxe le bol alimentaire, tout en le faisant progresser par de lentes contractions ondulatoires. Dans le même temps, la digestion chimique fait son œuvre.
C'est le suc gastrique, sécrété par les cellules de l'estomac, qui entre en jeu à ce stade.
Celui-ci contient :

- Un lubrifiant riche en mucus pour protéger les parois gastriques du risque d'autodigestion (ulcère) ;
- Des enzymes dédiées à la digestion :
  - Des protéines, les pepsines ;

  - Des lipides, les lipases (peu actives dans l'estomac) ;
- De l'acide chlorhydrique, dont le rôle est de maintenir un pH très acide du milieu (environ 2,5), nécessaire pour l'activation des pepsines et la destruction de bactéries éventuellement avalées[13].

Il est à noter que les glucides ne sont pas transformés dans l'estomac. Ils le seront à l'étape suivante.

Le temps intestinal

Anatomiquement, l'intestin est séparé en trois parties, le duodénum, le jéjunum et l'iléon, et c'est surtout au niveau des deux premières que la digestion (l'absorption) s'effectue.
La particularité de l'intestin grêle est la taille de sa surface d'échange (environ 30 mètres carrés), sûrement la plus grosse interface du corps avec l'extérieur. Ce sont les villosités intestinales (replis) de la paroi qui augmentent sa surface d'échange de soixante à cent vingt fois[14].
Ici, on retrouve tout d'abord une activité mécanique, avec différents types de mouvements permettant l'avancée du bol alimentaire désormais converti en bouillie et appelé le « chyme ». L'arrivée du chyme au niveau du duodénum (premier segment de l'intestin) active la fabrication des sécrétions des organes annexes de l'appareil digestif : le pancréas et le foie.
Le pancréas sécrète le suc pancréatique (de 1 à 1,5 litre par jour), liquide riche en :

- Enzymes de digestion :
  - Pour les protéines, les protéases (trypsine et chymotrypsine) ;
  - Pour les lipides, la lipase ;
  - Pour les glucides, l'amylase pancréatique.

- Ions bicarbonates : indispensables pour neutraliser l'acidité du chyme. Ce dernier provient de l'estomac, où le pH est très acide alors que l'intestin est un milieu au pH basique (de 7 à 8,5)[15].

Le foie, quant à lui, sécrète la bile, qui est stockée dans la vésicule biliaire en attente de son utilisation. La bile est un mélange de produits de dégradation par le foie (dont le cholestérol) et de sels biliaires. Ces derniers ont un rôle essentiel dans la digestion des lipides et des vitamines liposolubles :

- Ils les émulsionnent pour faciliter l'action de la lipase pancréatique ;
- Ils les transforment en petites molécules qui pourront être assimilées plus facilement.

Si les sels biliaires font défaut, les lipides non ou partiellement digérés se retrouveront dans les selles.
Progressivement, les mouvements péristaltiques de l'intestin font avancer les nutriments. Dans l'intestin, la digestion se termine pour laisser place à l'absorption. À ce stade, l'action des différents enzymes est d'optimiser la transformation des particules alimentaires en nutriments qui, une fois découpés ou réduits, passent au travers des parois de l'intestin. Ils se retrouvent directement dans le flux sanguin et sont emportés vers les cellules, où ils sont assimilés dans le cadre de leur maintien ou de leur renouvellement.

À noter que c'est au niveau du duodénum que sont absorbées la plupart des vitamines. Pour la vitamine B12, cela se passe en fin d'intestin grêle, au niveau de l'iléon.

Le temps colique et la fin de la digestion

Le côlon est séparé en trois parties : côlon droit (ou ascendant), côlon transverse et côlon descendant[16]. Tout comme dans l'intestin grêle, du mucus est sécrété pour la protection des parois.
À ce stade, la digestion est terminée. Les enzymes digestives ont laissé la place aux bactéries du microbiote (flore intestinale). Ces dernières s'occupent des déchets non digestibles, des résidus de protéines ou de glucides peu ou mal digérés *via* des actions de fermentation ou de putréfaction. Des gaz sont alors libérés.
Le côlon ascendant est le lieu de la réabsorption de l'eau et des sels minéraux (calcium, potassium…) en fonction des besoins du corps. Si la réabsorption est trop importante, il y a un risque de constipation, et inversement si elle est trop faible.
Dans les autres parties du côlon, les déchets sont acheminés progressivement vers le rectum en vue de leur évacuation.

Au total, ces différents temps de digestion visent à l'utilisation optimale des différents substrats apportés au corps. Aucune étape ne doit être manquée sous peine de troubles digestifs.

Manger pour répondre aux besoins en énergie

Protéines, glucides, lipides, minéraux et vitamines sont nos nutriments de base. Tous nous apportent de l'énergie (les calories), mais pas seulement.

Les protéines

Une protéine est une « grosse molécule complexe d'acides aminés, constituant essentiel des matières organiques et des êtres vivants[17] ». Les acides aminés peuvent être comparés à de petites briques de construction liées les unes aux autres selon un ordre précis (défini par les gènes). Le corps humain utilise une vingtaine d'acides aminés (parmi environ cinq cents dans le monde vivant) pour fabriquer ses propres protéines (enzymes, hormones, hémoglobine...), construire ou réparer ses tissus (paroi cellulaire, paroi des organes, os, cartilage...). Neuf d'entre eux sont dits « essentiels ». C'est-à-dire qu'à défaut d'être introduits par la nourriture, ils ne pourront être produits par l'organisme.
Les sources de protéines sont animales ou végétales :

- Les protéines animales
  - Viandes rouges ;
  - Viandes blanches ;
  - Poissons, coquillages et crustacés ;
  - Œufs ;
  - Fromages à pâte cuite (comté...) et fromages frais (feta, ricotta, mozzarella, cottage cheese...).

- Les protéines végétales
  - Légumineuses ou légumes secs (tofu, tempeh, lupin, pois chiches, haricots rouges, haricots blancs, haricots noirs, fèves, lentilles...) ;
  - Céréales (avoine, blé...) ;
  - Quinoa ;
  - Champignons ;
  - Algues[18] ;
  - Oléagineux (amandes, noix, cacahuètes...).

Contrairement à leurs consœurs d'origine animale, les protéines végétales présentent la particularité de ne pas être « complètes », c'est-à-dire qu'elles ne contiennent pas tous les acides aminés essentiels, il en manque souvent un. Par ailleurs, leur structure fibreuse et leur enveloppe peuvent rendre leur digestibilité plus difficile si elles ne sont pas bien préparées. Le trempage, la germination ou la lactofermentation transforment positivement cet aspect.
Néanmoins, la digestibilité des protéines reste une question complexe et un sujet de débat pour les chercheurs en nutrition[19]. Celle des protéines végétales serait inférieure à celle des protéines animales, et ce particulièrement chez les personnes âgées, dont les capacités digestives se sont amoindries avec le temps[20]. Toutefois, qu'elles soient d'origines végétales ou animales ne fait pas de différence en matière de prise de masse musculaire chez le jeune adulte[21]. La diversification des sources de protéines végétales (oléagineux, légumineuses, céréales, algues...) est d'ailleurs corrélée à une bonne qualité nutritionnelle[22]. Quant à la diminution de la consommation des protéines animales, elle est associée à une meilleure santé cardiovasculaire[23].

La notion seule de quantité de protéines ne suffit pas. D'autres critères, inconnus aujourd'hui, tels que le maintien de la glycémie ou encore la satiété, devraient être pris en compte[24]. Leur digestion et leur absorption sont aussi liées à de nombreux facteurs tels que :

- Le contenu du bol alimentaire (lipides, glucides, fibres…) ;
- Le temps de mastication ;
- Le taux d'acidité dans l'estomac ;
- La qualité et la quantité des sécrétions enzymatiques ;
- La mobilité du tube digestif…

Ainsi, la composition du repas et le choix de la protéine se feront aussi en fonction de ces critères. Nous pouvons notamment retenir que, plus la protéine et l'ensemble du repas sont riches en lipides, plus long sera le temps dans l'estomac et plus importante sera l'énergie monopolisée pour ce moment de digestion[25].

La structure osseuse

S'il est de notoriété publique aujourd'hui que les os ne peuvent se passer de calcium, on sait moins qu'ils ne peuvent pas non plus être privés de protéines. Celles-ci entrent dans la composition de l'os tout autant que le calcium et lui donnent force et souplesse. Une carence en protéines aura forcément des conséquences néfastes pour le tissu osseux (ostéoporose).

Les glucides

Un glucide est un « composant fondamental de la matière vivante, constitué de carbone, d'hydrogène et d'oxygène, jouant dans l'organisme un rôle énergétique[26] ». Carburant principal de nos cellules et surtout du cerveau, les glucides sont répartis en sucres simples et sucres complexes. Pour simplifier, il peut être retenu que les sucres simples (fruits, sucre, miel, sirop d'érable...) se digèrent rapidement, à l'inverse des sucres complexes (féculents), qui sont une source d'énergie plus « durable ». Aujourd'hui, c'est d'ailleurs plutôt la notion d'index glycémique qui prévaut[27], c'est-à-dire la capacité d'un aliment à élever fortement ou non la glycémie (taux de sucre dans le sang). L'insuline, hormone sécrétée par le pancréas, gère dans le corps les afflux de glucides et leur taux sanguin, en stockant les surplus dans nos cellules... sous forme de gras !

Pour exemple : le sucre blanc va faire monter la glycémie très brutalement. Il va solliciter une importante quantité d'insuline pour un retour à la normale dans le sang. Mais plus ce pic d'insuline est conséquent et « brutal », plus le retour de la faim est rapide. Les légumineuses, quant à elles, vont engendrer une augmentation modérée de la glycémie et une production « lissée » de l'insuline. Il n'y aura pas, dans ce cas, de pic avec fringale dans les heures qui suivent.

Pour la constitution de votre assiette, les recommandations seront donc en faveur des glucides à index glycémiques faibles, qui « tiendront plus longtemps au corps ».

C'est-à-dire les féculents, que nous pouvons répartir de la manière suivante :

- Les légumineuses :
  - Haricots (rouges, noirs, blancs, flageolets, azukis...) ;
  - Fèves ;
  - Pois chiches, pois cassés ;
  - Lentilles ;
  - Soja...

- Les céréales complètes ou semi-complètes :
  - Céréales à gluten : blé, avoine, seigle, orge... ;
  - Céréales sans gluten : sarrasin, riz, maïs...

- Les amylacées et les tubercules :
  - Châtaigne ;
  - Pomme de terre ;
  - Patate douce ;
  - Igname ;
  - Taro...

Les lipides

Un lipide est un « composant fondamental de la matière vivante, constitué d'acides gras, faisant partie des structures cellulaires et jouant un rôle énergétique[28] ». Appelés aussi « acides gras », les lipides se répartissent en acides gras saturés ou insaturés. Absolument indispensables à la santé, ils entretiennent la fluidité des membranes cellulaires, et notamment celles du système nerveux, participent au transport de certaines vitamines et à la production d'hormones.

Les acides gras saturés

Rentrent dans cette catégorie principalement les graisses d'origine animale (viande, lait, beurre, fromage...), mais aussi des huiles végétales telles que l'huile de coco (coprah) ou l'huile de palme. Elles ont la particularité de se figer à froid.

Les acides gras saturés ont pour avantage de n'être pas très fragiles et de supporter des cuissons à températures très élevées (180 à 200 °C). Ce groupe de lipides n'a pas très bonne réputation même si de recentes études tendent à les réhabiliter. Aujourd'hui néanmoins, ce sont les recommandations liées à une consommation limitée qui prévalent. Car en excès, ces graisses favorisent maladies cardiovasculaires, cholestérol...

Les acides gras mono-insaturés et poly-insaturés

Consommer des huiles de très bonne qualité

- Une huile d'olive et une huile de lin ou de noix de préférence (à conserver au réfrigérateur), pour toutes les vinaigrettes et les utilisations crues ;

- Une huile d'olive de « qualité moindre » pour les cuissons, car cette huile sera forcément dégradée (saturée) par la chaleur.

Ce sont les fameux oméga-3, oméga-6 (acides gras poly-insaturés) et oméga-9 (acides gras mono-insaturés), dont vous avez sûrement déjà entendu parler. Ils fournissent au corps des éléments indispensables, entre autres pour nos tissus, nos hormones, la croissance et l'entretien de notre système nerveux. Les oméga-3 et oméga-6 sont dits « indispensables », car notre organisme ne peut pas les fabriquer par lui-même, contrairement aux acides gras oméga-9.

Nous le savons aujourd'hui, dans les pays occidentaux, nous sommes quasiment tous en carences d'oméga-3, ce qui n'est pas le cas pour les oméga-6 et oméga-9. Il est donc primordial d'en apporter dans l'alimentation. D'autant que ceux-ci ont une forte action anti-inflammatoire et que l'inflammation est à l'origine de nombreuses maladies.
Il est donc recommandé de focaliser son attention principalement sur les acides gras oméga-3, que l'on trouve dans :

- Les poissons gras : préférer les petits poissons tels que sardines, maquereaux, harengs... (moins pollués que thons et saumons, qui sont pourtant de bonnes sources d'oméga-3).
- Les huiles ou graines de lin, noix, colza, chanvre, cameline :
  - elles sont très fragiles et ne supportent pas d'être chauffées ; d'une manière générale, pour que nous puissions bénéficier de leurs bienfaits, elles doivent être utilisées crues ;
  - elles sont à stocker à l'abri de la lumière dans des endroits frais (réfrigérateur dans le cas des huiles) ;
  - pour le choix des huiles, chercher les mentions « huile vierge » et « de première pression à froid » et « d'origine biologique », sans autre transformation (désodorisée par exemple...) ;
  - les préférer embouteillées dans des contenants opaques.

Pour les autres acides gras insaturés, les sources sont notamment :

- Pour les oméga-6 : tournesol, sésame, pépin de raisin, germe de blé, carthame, maïs... ;
- Pour les oméga-9 : olive, avocat, noisette...

L'huile d'olive et l'huile de tournesol ont la particularité de pouvoir supporter de très hautes températures et pourront être utilisées pour la cuisson. Néanmoins, c'est seulement les huiles consommées crues qui apportent des bénéfices santé.

Enfin, le gras, c'est aussi le goût et la consistance dans les plats. À tel point que s'il est enlevé, il doit être compensé. C'est notamment pourquoi, dans les produits allégés en gras (que je déconseille fortement), les industriels ont ajouté du sucre, les produits sans gras étant devenus insipides.

Les gras trans

Limiter les gras trans dans l'alimentation au quotidien

Vous pouvez les repérer facilement en traquant les mentions « matière grasse hydrogénée » ou « graisses partiellement hydrogénées ».

Nous entendons parler de gras « trans » depuis quelques années[29]. Une partie d'entre eux sont d'origine naturelle, puisqu'on les retrouve dans les produits laitiers, et ceux-ci ne sont pas en cause. Les gras trans auxquels nous nous intéressons ici sont les matières grasses transformées qui se trouvent dans les plats cuisinés, les snacks, les biscuits, les cookies, les pâtes à tarte, les céréales du petit déjeuner, les pizzas, les produits ultra-transformés... Ce sont des graisses très modifiées par l'industrie agroalimentaire pour soutenir des chaleurs élevées et se maintenir très stables dans le temps.
Non seulement ces graisses ne présentent aucun intérêt pour notre organisme, mais en plus elles lui sont plutôt néfastes. Elles sont impliquées dans les maladies cardiovasculaires et suspectées dans l'obésité et le diabète de type 2. Elles sont aujourd'hui interdites d'utilisation au Canada depuis 2018[30]. Le problème est devenu tellement préoccupant que l'OMS a lancé il y a deux ans une campagne visant à les éliminer de l'alimentation mondiale. À ce jour, 3 milliards d'individus en auraient bénéficié[31].

Le corps a ses raisons…

Le corps a des besoins précis et va essayer de les combler quelle qu'en soit la façon !
Il s'agit de l'histoire de Martine, venue me voir en 2017. Parmi les différentes problématiques de sa demande, elle me faisait remarquer une consommation de beurre anormalement élevée. Elle avait en permanence dans son réfrigérateur cinq ou six plaquettes de beurre, de peur d'en manquer. Elle en consommait au moins deux ou trois par semaine. Sans toucher à sa consommation de beurre dans un premier temps, nous avons opté pour une augmentation conséquente de ses rations d'acides gras poly-insaturés par l'introduction d'huile d'olive et d'huile de noix dans son alimentation. Au bout de quelques semaines, le besoin en beurre a spontanément diminué pour atteindre de petites quantités quotidiennes (10 à 15 grammes/jour).
Il est à noter que le beurre n'est absolument pas indispensable et qu'il est déconseillé de le cuire. Par ailleurs, mieux vaut s'en passer que de le remplacer par des produits tels que les margarines ou les beurres allégés, qui rentrent dans la catégorie des produits industriels ultra-transformés.

Manger pour répondre aux besoins en fibres, vitamines et minéraux

Les fibres

Les fibres sont « des substances résiduelles d'origine végétale non digérées par les enzymes du tube digestif[32] ». Elles sont présentes dans les légumineuses, les céréales complètes, les légumes et les fruits. Elles nous rendent de nombreux services :

- En plus d'être rassasiantes, elles diminuent la charge glycémique du repas et nous maintiennent donc plus longtemps sans faim ; elles sont incontournables quand on souhaite maîtriser son poids ;
- En piégeant les molécules de cholestérol en excès pour aider à leur évacuation, elles ont une action positive sur les maladies cardiovasculaires ;
- Elles contribuent à un transit efficace et à une bonne hygiène intestinale[33].

Paradoxalement, nous ne sommes pas équipés pour digérer ces fibres dites « prébiotiques »[34]. Mais elles sont essentielles à nos 100 000 milliards de bactéries du microbiote car :

- Celles-ci les transforment et s'en servent de nourriture pour croître et se maintenir ;
- Pendant cette transformation, elles libèrent des gaz volatils indispensables à la santé des cellules de notre côlon.

Pour résumer, ces fibres entretiennent le microbiote, qui entretient notre intestin !
Un microbiote défaillant se signale par :

- Une mauvaise haleine ;
- Des troubles du transit ;
- Des troubles digestifs (ballonnements, gaz...).

Les vitamines

Les vitamines sont « des substances organiques actives, vitales, indispensables en infime quantité à la croissance et au bon fonctionnement de l'organisme[35] ». Bien connues de tous aujourd'hui, elles nous sont indispensables. Pourtant, ce n'est qu'en 1912 que les scientifiques les identifient et en révèlent l'importance[36]. Pour la plupart, notre corps ne sait pas les fabriquer. Elles proviennent donc essentiellement de la nourriture. En cas de carences, des maladies peuvent apparaître. Depuis la vue en passant par le renforcement de l'immunité ou la coagulation du sang, rares sont les fonctions qui peuvent s'en passer. Les vitamines sont réparties en deux catégories, les liposolubles et les hydrosolubles.

Les vitamines liposolubles : vitamines A, D, E, K

Solubles dans les lipides, elles sont absorbées au niveau de l'intestin (*via* les sels biliaires) et stockées dans les tissus adipeux (gras) de nos organes (foie notamment) sur une durée de plusieurs jours à plusieurs mois. Elles se trouvent surtout dans les huiles et

poissons gras, abats, jaunes d'œufs[37]. Du fait de leur solubilité dans les graisses, elles seront d'autant mieux absorbées qu'elles seront consommées en même temps que des « bonnes » graisses (crudités avec huile de noix par exemple).
Elles interviennent principalement au niveau des tissus, et notamment de la rétine, du cerveau et des tissus nerveux, des cellules immunitaires et des os[38].

La vitamine A

Médiatisée aujourd'hui pour ses propriétés antioxydantes (antivieillissement), la vitamine A est avant tout connue pour son rôle primordial dans le maintien de la vision et la prévention de la dégénérescence maculaire de la rétine (DMLA)[39]. Elle intervient également au niveau des muqueuses (peau, intestins...), des cellules immunitaires, de la croissance cellulaire et du développement embryonnaire[40].
Elle se présente sous deux formes différentes[41] :

- Le rétinol dans les produits animaux (foie d'animaux) ;
- Les caroténoïdes (dont le bêtacarotène) dans les légumes et les fruits.

Cette vitamine s'oxyde assez vite et craint l'exposition à la lumière. Les stockages prolongés lui sont néfastes ainsi que les procédés de déshydratation. Elle présente, toutefois, l'avantage d'être assez résistante à la chaleur.
La vitamine A a la capacité de se stocker dans l'organisme. Les carences sont rares en Occident et la supplémentation est déconseillée chez les fumeurs, dont elle augmente le risque de cancer du poumon. Les femmes enceintes peuvent consommer les caroténoïdes, mais éviteront les foies d'animaux. L'excès de vitamine A provenant de ces derniers est associé à des malformations congénitales.

La vitamine D

Il existe plusieurs types de vitamines D. Dans le cadre de l'alimentation, nous nous intéressons plus particulièrement à :

- La vitamine D2 (ergocalciférol), produite plutôt en faible quantité par les végétaux (champignons, céréales, levures, algues) ;
- La vitamine D3 (cholécalciférol), produite dans le monde animal (dans les huiles, poissons, œufs...), mais que l'on retrouve aussi dans certains lichens[42].

La vitamine D3 est aussi celle synthétisée par notre peau sous l'effet des ultraviolets du soleil. Et c'est d'elle dont il est question la plupart du temps quand nous parlons de vitamine D. Elle était connue de nos grands-mères, qui donnaient à boire à leurs enfants de l'huile de foie de morue (source la plus riche) pour prévenir le rachitisme.

La vitamine D agit principalement sur le métabolisme du calcium. Celui-ci intervient dans le corps comme un facteur majeur de la santé osseuse et dentaire. Mais la contraction musculaire, la conduction nerveuse et la coagulation sanguine en sont également dépendantes. La vitamine D régule son absorption au niveau des intestins en fonction de son niveau sanguin.

Néanmoins, ces dernières années, l'impact négatif d'une carence en vitamine D sur l'inflammation et les déficiences du système immunitaire a été mis en évidence. La vitamine D exerce aussi un rôle crucial dans cet équilibre[43].

La carence est largement répandue partout dans le monde, liée souvent à un déficit d'exposition solaire combiné à une prise en quantité insuffisante des aliments pourvoyeurs de vitamines D (voir « Les principales sources de vitamines » en fin de chapitre). En France, une étude réalisée en 2016 a montré que 92,3 % de la population étudiée se trouvait à la limite ou en dessous, voire très en dessous, du seuil requis[44].

La première source de vitamine D est l'exposition solaire (visage, cou, bras). De quinze minutes en été à trente en hiver peuvent suffire, mais, pour la plupart des citadins que nous sommes, ce quota est rarement atteint. L'apport alimentaire en graisses de bonne qualité doit donc être en conséquence.
En cas de supplémentation toutefois, elle peut devenir excédentaire car elle se stocke dans l'organisme. Les effets indésirables se manifestent par des nausées, des vomissements...
La vitamine D reste relativement stable à la cuisson jusqu'à 100 °C[45].

La vitamine E

Connue pour ses propriétés antioxydantes et pour favoriser la fertilité, la vitamine E possède aussi des effets de régulation génétique. Sous la terminologie de vitamine E se trouve un groupe comprenant des tocophérols et des tocotriénols. Parmi eux, l'alpha-tocophérol est retenue pour son activité antioxydante.
De nombreuses découvertes restent à faire, notamment sur la façon dont elle interagit avec les autres aliments. Il a été mis en évidence que de petites quantités de vitamine E dans les aliments étaient plus efficaces qu'une forte dose agissant seule[46]. Par ailleurs, son rôle pourrait ne pas se limiter aux actions déjà répertoriées. Elle serait impliquée dans l'immunité, la protection du foie et du cerveau[47].
Sa carence est décrite de manière exceptionnelle mais serait largement sous-documentée.

L'huile de germe de blé

Avoir dans son réfrigérateur une petite bouteille (opaque) de cette huile – source la plus riche en vitamine E – permet d'ajouter une à deux cuillères à soupe de cette dernière dans chaque nouvelle bouteille d'huile pour la conserver intacte le plus longtemps possible.

Elle entraîne par exemple : fourmillements, brûlures ou picotements des extrémités du corps (neuropathies périphériques). Elle serait aussi en cause dans les maladies chroniques, les maladies cardiovasculaires et les maladies neurodégénératives (Alzheimer, Parkinson...)[48].
La vitamine E est peu sensible à la chaleur mais craint l'exposition à l'air (oxydation) et à la lumière[49].

La vitamine K

Tout comme pour ses consœurs, nous retrouvons sous la terminologie de vitamines K plusieurs vitamines :

- La vitamine K1 (phylloquinone), présente dans les végétaux (feuilles vertes principalement) ;
- La vitamine K2 (ménaquinone), dans les aliments d'origine animale.

La vitamine K interagit avec de nombreuses protéines ayant une action notamment sur la coagulation et la minéralisation osseuse[50]. Des découvertes sur son rôle complet sont encore à faire. Elle serait capable de ralentir la croissance de certains types de cellules cancéreuses, et impliquée dans la prévention de la calcification coronaire et la diminution de la résistance à l'insuline dans le diabète.
Les bactéries du microbiote intestinal sont également en mesure de fabriquer de la vitamine K2, mais en quantité négligeable.
Il y a peu de risque de carence si des crucifères et des légumes verts sont régulièrement consommés.
La vitamine K est plutôt stable à la chaleur, mais sensible à la lumière et détruite par la surgélation[51].

Les vitamines hydrosolubles : vitamines du groupe B et vitamine C

Solubles dans l'eau, les vitamines hydrosolubles sont absorbées dans les intestins. Elles ne sont pas stockées et les excédents sont éliminés dans les urines. Leurs sources sont entre autres les fruits, les légumes, les légumineuses.
Globalement, elles sont beaucoup plus fragiles que les vitamines liposolubles et se mélangent à l'eau dès qu'elles sont à son contact. Les techniques de nettoyage (trempage, lavage...) et de préparation peuvent leur être très délétères. Elles sont facilement évacuées dans les eaux de cuisson ou des conserves (bocaux ou boîtes).

Les vitamines B

Sous l'appellation de « vitamines B » se regroupent huit vitamines qui ont chacune des fonctions spécifiques mais qui sont aussi très interdépendantes, les unes activant les autres. Avant de rentrer dans le détail, nous pouvons déjà retenir que cet ensemble joue un rôle très important dans le fonctionnement du cerveau[52].

La vitamine B1 ou thiamine

Elle a un rôle clé en activant des enzymes indispensables à la production d'énergie à partir des glucides. Elle est par ailleurs indispensable au bon fonctionnement cérébral et à la synthèse de substances chimiques qui assurent la transmission de l'information entre les neurones (neurotransmetteurs). Elle aide à la dégradation des substances alcooliques.
La carence est rare en Occident et souvent en lien avec l'alcoolisme[53]. Elle se manifeste par des troubles neurologiques. Les céréales en sont une bonne source à condition qu'elles soient consommées complètes, car c'est dans leur enveloppe qu'elle est présente. Elle est, par ailleurs, une des vitamines B les plus sensibles à la chaleur[54].

La vitamine B2 ou riboflavine

La vitamine B2 est reconnue pour ses propriétés antioxydantes, anticancéreuses et anti-inflammatoires. Ses contributions au sein de l'organisme sont extrêmement nombreuses, parmi elles :

- Renouvellement et croissance des tissus (en particulier protection de la peau) ;
- Formation des cellules sanguines et lutte contre l'anémie en fixant le fer sur les globules rouges[55] ;
- Participation à la dégradation des acides gras et des acides aminés ;
- Activation de la vitamine B6, qui elle-même interviendra auprès de la vitamine B3.

Sa carence est rare en Occident. La vitamine B2 est assez résistante puisqu'elle ne craint ni la chaleur ni la lumière, mais elle est sensible à l'air. Sa quantité dans les légumes et fruits après blanchiment est diminuée d'au moins 40 %[56].

La vitamine B3 ou niacine (ou vitamine PP)

Son rôle principal est de faciliter la transformation en énergie des glucides, des acides aminés (protéines) et des lipides. Elle est vitale pour l'activation d'enzymes en lien avec :

- La respiration cellulaire ;
- La fabrication des sels biliaires et des hormones sexuelles ;
- La régulation génétique (notamment du vieillissement)[57].

La synthèse de la vitamine B3 dépend de la vitamine B6.

Sa carence est rare en Occident. C'est plutôt son excès qui préoccupe. Des études se sont récemment intéressées au lien entre la consommation de céréales du petit déjeuner enrichies en vitamine B3 et l'augmentation du taux d'obésité chez les jeunes

Américains. Il a été montré notamment que cette vitamine pourrait amplifier l'appétit quand elle est prise en excès en même temps que des denrées sucrées[58].
Tout comme les autres vitamines du groupe B, elle a tendance à se dissoudre dans l'eau de cuisson. Néanmoins, c'est la plus résistante d'entre elles, et cela quel que soit le mode de préparation[59].

La vitamine B5 ou acide pantothénique

Elle est connue du grand public pour favoriser la pousse des cheveux et des ongles. Mais son action se situe bien au-delà, et elle intervient, entre autres, dans :

- La cicatrisation de la peau ;
- Le cycle de la production d'énergie dans le corps ;
- La production des anticorps ;
- La mémorisation et l'équilibre nerveux...

Sa carence est rare. Cette vitamine est assez résistante, mais les procédés de stockage ou de raffinage des céréales, et de conservation des légumes (surgélation, conserve...) ou de cuisson pour la viande, en font disparaître une bonne partie[60].

La vitamine B6

Il existe plusieurs formes de vitamines B6, parmi elles la pyridoxine (origine végétale) et le pyridoxal (règne animal).
Elle intervient, notamment, dans :

- La formation des neurotransmetteurs de l'adaptation au stress (adrénaline, sérotonine, acide gamma-aminobutyrique – GABA...) ;
- La fabrication des globules rouges ;
- La synthèse de l'ADN ;
- La gestion des réserves musculaires du glucose ;
- Le système immunitaire.

La déficience en vitamine B6 est assez courante chez les personnes âgées ainsi que chez les personnes anxieuses (irritables), les femmes souffrant de syndrome prémenstruel ou les personnes consommant régulièrement de l'alcool en grande quantité. Elle est relativement stable à la chaleur. Cependant, sa sensibilité à la lumière et à l'oxydation occasionne des pertes relativement importantes lors des préparations.

La vitamine B8 ou biotine ou vitamine H

Elle intervient dans le métabolisme des glucides et des lipides en permettant notamment au foie de synthétiser du glucose à partir des acides gras. Elle est aussi responsable de l'expression des gènes[61]. Elle est connue pour son action sur les cheveux (chute, cheveux gras...) et la peau, dont elle favorise le renouvellement cellulaire.

Elle se trouve plutôt dans les protéines animales ou végétales, mais l'intestin a la capacité d'en fabriquer également.
Sa carence est exceptionnelle. Elle se rencontre en cas d'alcoolisme ou en milieu hospitalier[62]. Elle est très présente dans l'alimentation et, bien qu'elle craigne la lumière, elle est assez résistante à la chaleur.

La vitamine B9 ou acide folique (ou folate)

La vitamine B9 est très importante dans le fonctionnement du corps. Et son action est souvent liée à la vitamine B12. Elle est impliquée principalement dans :

- La formation des chromosomes et la multiplication cellulaire (indispensable en période de croissance ou de grossesse) ;
- La fabrication des globules rouges ;
- L'activité des systèmes nerveux et immunitaire[63].

Sa carence est assez répandue, surtout chez la femme. Elle se manifeste, entre autres, par des troubles digestifs, de l'anémie, des troubles neurologiques, des atteintes des muqueuses ou des troubles de l'humeur. Son déficit est particulièrement redouté en début de grossesse, puisqu'il peut être responsable de l'absence de la fermeture du tube neural chez le fœtus.
C'est une vitamine extrêmement sensible, qui peut quasiment disparaître à l'occasion du stockage ou lors de la préparation des aliments. Elle craint la chaleur, la lumière.

La vitamine B12 ou cobalamine
La vitamine B12 présente la particularité d'être synthétisée par des bactéries. Elle n'existe pas dans le monde végétal[64]. Elle est absorbée au niveau de l'iléon (fin de l'intestin grêle), contrairement à ses consœurs, qui le sont au niveau du duodénum. Son transport jusqu'à ce site dépend, dans l'estomac, de la présence d'acide chlorhydrique et du « facteur intrinsèque » (une molécule produite par les parois de l'estomac).

La vitamine B12 est indispensable :

- Au bon fonctionnement de toutes les cellules du corps (régulation ADN, croissance...) ;
- À la fabrication des globules rouges au sein de la moelle épinière (en lien avec la vitamine B9) ;
- Au système nerveux ;
- À la gestion des graisses et des sucres[65].

Rare chez l'adulte omnivore, la carence est courante chez les personnes âgées, les végétariens et les végétaliens. Elle peut se manifester par de l'anémie, de la fatigue, de l'essoufflement, de la dépression... Non traitée, elle peut être mortelle.

Ses sources proviennent presque exclusivement du monde animal, surtout viandes, poissons et œufs. Cependant, la vitamine B12 de ces derniers est moins bien absorbée (à seulement 9 %)[66]. Elle est également présente dans certaines algues : nori, laitue de mer, chlorelle et spiruline. Néanmoins, les différentes études divergent sur la biodisponibilité de ces différentes sources. Alors que l'algue nori serait une source intéressante ainsi que la chlorelle, il semble que la vitamine B12 de la spiruline soit inactive dans le corps humain à ce jour[67].
Elle est sensible au stockage des aliments, au pH et à la lumière.

La vitamine C ou acide ascorbique

La vitamine C exerce son action à différents étages du corps[68], dont :

- La cicatrisation ;
- Les défenses immunitaires ;
- L'absorption du fer : antianémique, elle active la vitamine B9 et assure la fixation du fer par les globules rouges ;
- La régulation du stress ;
- La prévention des maladies cardiovasculaires et coronariennes, et des accidents vasculaires cérébraux ;
- L'action antioxydante et anticancéreuse (controversée pour cette dernière)[69].

Sa carence est historiquement connue, puisqu'il s'agit du scorbut, la maladie des marins partis en croisade au long cours et privés de légumes et de fruits frais.
Si cette pathologie n'existe quasiment plus, des études épidémiologiques montrent néanmoins que 5 % de la population des pays industrialisés serait en carence et 13 % en subcarence[70]. C'est d'ailleurs la plus fragile de toutes les vitamines. Elle est sensible à la lumière, à la chaleur et à l'air. Elle peut être détruite jusqu'à 90 % lors de la cuisson[71].

Finalement, nous retiendrons que les vitamines sont tout de même assez fragiles. Elles sont sensibles aux variations de température, à l'oxydation, à la lumière ou au pH des préparations. Notre corps ne peut pas les synthétiser. La qualité des aliments et leur traitement méritent donc beaucoup d'attention.

Pour assurer un maximum de fibres, de vitamines et de minéraux dans son assiette

- Consommer beaucoup de légumes et fruits frais ;
- Limiter le temps entre la récolte, l'achat et la consommation ;
- Lors de la préparation, ne pas laisser les fruits ou légumes tremper dans l'eau ;
- Pour le nettoyage, brosser rapidement sous l'eau ou éplucher ;
- Préférer les céréales complètes ou semi-complètes ;
- En cas de régime végétarien ou végétalien, multiplier les sources de protéines végétales et penser à vérifier son niveau de vitamines B12.

Les principales sources de vitamines

Les vitamines liposolubles

A : huile de foie de morue (capsules ou conserves), foie, œuf, lait, beurre, carotte crue, épinard, pastèque, melon, abricot, pêche...

D : huile de foie de morue (capsules), poissons gras (saumon, sardine, thon), jaune d'œuf, foie de veau et de bœuf, soleil, girolle, cèpe, morille...

E : huile de germe de blé, huile de noix, céréales complètes, avocat, oléagineux...

K : choucroute, chou vert, épinard, chou-fleur, brocoli, salade, huile de soja...

Les vitamines hydrosolubles

B1 : germe de blé, céréales complètes, algues, foie, pollen...

B2 : levure de bière, pollen, œuf, champignon cru, viande, poisson, pain complet, fromage blanc...

B3 : foie, viande, poisson gras, céréales complètes...

B5 : levure, foie, viande, poisson, jaune d'œuf, gelée royale, pollen, champignon cru...

B6 : levure, germe de blé, pollen, foie, rognon, viande, poissons gras, haricot, lentilles, banane...

B7 : œuf, levure, foie, germe de blé, chou cru, céréales complètes...

B8 : levure, abats, œuf, champignon, haricot, lentilles, viande, poisson, fromage, laitages, noix...

B9 : levure, foie, salade, épinard, betterave, chou-fleur, cresson, légumes verts, haricot vert, lentilles, fromage, œuf, asperge, pollen, pomme de terre...

B12 : foie, rognon, poissons gras, viande, œuf, fromage frais…
C : cassis, brocoli, persil, poivron, choux, chou-fleur, kiwi, fraise, agrumes, foie…
Si vous choisissez de consommer du foie, prêtez une grande attention à la provenance et à l'élevage des animaux. Le foie est un organe de « retraitement » des déchets, il peut contenir des toxiques.

Les minéraux et les oligoéléments

Les minéraux se classent dans l'organisme en fonction de leur quantité. Les macroéléments sont les sels minéraux dont le corps a de gros besoins (de l'ordre du gramme) pour son fonctionnement. Ce sont notamment : le potassium, le magnésium, le calcium, le phosphore, le sodium.
À l'inverse, c'est une infime quantité, de la trace au milligramme, que le corps requiert pour certains oligoéléments. Ce sont : le fer, le cuivre, le zinc, le fluor, l'iode, le chrome… Quels que soient leurs dosages, ils sont indispensables et agissent à différents niveaux de l'organisme. Certains jouent un rôle crucial, tel le fer dans le transport de l'oxygène ou le zinc, responsable de plus de deux cents réactions, de l'activation d'enzymes à la synthèse de l'ARN (acide ribonucléique). Ils interagissent aussi avec les enzymes digestives, qu'ils aident à différents niveaux (fixation du substrat, activation). Leurs sources sont principalement végétales, sauf pour le fer et le calcium, qui se trouvent aussi dans le monde animal.

Les légumineuses, elles ont tout bon

Les légumineuses sont des aliments à tout faire. Elles rentrent presque dans toutes les catégories que nous venons de voir :

- Elles sont riches en vitamines du groupe B, en fer et autres nutriments (manganèse, cuivre...) ;
- Elles apportent des glucides à index glycémique faible ;
- Elles sont chargées en fibres.

Par ailleurs, elles remplacent avantageusement les protéines animales grâce à leur fort taux d'acides aminés. Ingrédients incontournables de tous les « régimes de longévité » (Okinawa, méditerranéen), les légumineuses se font pourtant plutôt rares dans nos assiettes. Leur préparation un peu fastidieuse en est sûrement à l'origine. Elles offrent néanmoins de la variété à nos menus et sont économiques*. On les retrouve ainsi dans les cuisines traditionnelles, souvent associées aux céréales : pois chiches et semoule (Maghreb), lentilles et riz (Inde), haricots rouges et maïs (Amérique latine).

Pour leur **préparation**, une nuit de **trempage** (douze heures) dans trois fois leur volume d'eau froide est recommandée. Pour les lentilles, seules quatre heures sont nécessaires. L'eau de trempage est ensuite jetée.

Cette étape réduit le temps de cuisson et permet la libération de l'acide phytique**, qui empêche de digérer correctement et nuit à l'assimilation des minéraux.

Après un rinçage généreux, au choix :

- Elles sont cuites à feu doux ou à la vapeur ; elles se conservent ensuite trois jours au réfrigérateur ou peuvent être congelées en attendant une utilisation ultérieure ;
- Elles sont déposées dans un germoir et consommées crues à la fin du cycle de germination (quelques jours).

Attention, elles sont à introduire par petites quantités si vous êtes sensibles au niveau digestif.
C'est un coupe-faim extraordinaire et vous ne pourrez plus vous en passer si vous avez le souci de garder la ligne !
Les quantités recommandées sont au minimum de **deux à trois portions de 50 à 60 grammes par semaine**.

* D. Rémond, S. Walrand, « Les graines de légumineuses : caractéristiques nutritionnelles et effets sur la santé », *Innovations agronomiques*, n° 60, 2017 (doi : 10.15454/1.5138524482202214E12 ; Hal-01685940).
** S. Bishnoi, N. Khetarpaul, R. K. Yadav, « *Effect of domestic processing and cooking methods on phytic acid and polyphenol contents of pea cultivars* (Pisum sativum) », *Plant Food Hum Nutr*, n° 45, 1994, p. 381-388 (https://doi.org/10.1007/BF01088088).

Manger vivant

Pour se maintenir au meilleur de sa forme et pratiquer les actions de régénération quotidienne obligatoire, le corps a besoin d'un apport journalier d'aliments de grande qualité, à haute densité nutritionnelle, c'est-à-dire des aliments frais, crus, riches en vitamines, minéraux et oligoéléments, non surchauffés, non transformés. La qualité de ce que nous allons mettre dans nos assiettes va impacter grandement notre santé.

Le cru

À condition de bien choisir ses produits, manger du cru est une des premières clés pour augmenter sa vitalité. Nous perdons chaque jour des minéraux, nous utilisons en permanence nos vitamines et oligoéléments, il nous faut donc du cru quotidiennement dans l'assiette.
Parce que la cuisson, même la plus douce, appauvrit les aliments, nous ne pouvons faire l'impasse sur le cru. Il apporte un maximum de macro- et micronutriments et, nous l'avons vu, des enzymes qui vont faciliter la digestion (et épargner nos propres enzymes)[72]. En parlant de cru et vivant, je pense aux fruits et légumes (en crudité et en jus), aux oléagineux, aux graines germées… Il ne s'agit pas de viandes ou de poissons crus, qui eux sont « morts ». Attention aussi aux fausses crudités : betteraves rouges, maïs ou haricots verts mangés froid mais déjà cuits. Une salade froide n'est pas forcément crue.

Je rencontre parfois des personnes qui ont arrêté les crudités car elles leur occasionnaient des douleurs digestives. C'est prendre le problème à l'envers. La solution est ici de réparer l'intestin pour pouvoir continuer à consommer du cru. Recourir à une suppression serait préjudiciable à long terme et ne réglerait aucun problème, voire en engendrerait de supplémentaires. Si vous êtes dans ce cas, sachez que soit c'est la flore intestinale qui est défectueuse, soit ce sont les parois intestinales qui demandent de l'attention. Vous pouvez essayer de prendre des probiotiques. S'ils vous soulagent, c'est parfait, vous avez trouvé votre solution. Si, au contraire, ils aggravent le problème, il est nécessaire de faire un bilan auprès de votre naturopathe qui pourra vous guider dans la démarche à suivre.

À propos de la roquette

Au Moyen Âge, la roquette, cette salade aux feuilles très vertes et assez amères, était soupçonnée d'être aphrodisiaque. Ainsi, elle était interdite aux moines et aux religieuses.

D'autres critères entrent en jeu dans cette notion de vivant. Outre les questions de fraîcheur, c'est aux modes de culture, au stockage et à l'état de l'aliment qu'il faut s'intéresser.

Les aliments entiers

Les aliments qui sont le plus en mesure de répondre à nos besoins au quotidien sont les aliments entiers, c'est-à-dire non raffinés[73]. S'il y a deux siècles de cela s'offrir des aliments raffinés était le prestige des gens aisés, c'est aujourd'hui devenu synonyme de pauvreté alimentaire.
Afin de les rendre plus « purs », nombre d'aliments sont raffinés, principalement les céréales, le sel, le sucre et les huiles. En pratique :

- Les céréales sont dépouillées de leurs enveloppes et de leurs germes, principaux pourvoyeurs de vitamines et minéraux ;
- Les huiles sont chauffées ; cela les sature et les rend beaucoup moins intéressantes, voire nocives, pour notre organisme ;
- Le sucre et le sel subissent des procédés chimiques pour devenir blancs, supprimant également vitamines et minéraux.

À ce stade, les chercheurs parlent de « calories vides[74] ». Ces aliments nous remplissent mais ne nous nourrissent pas. Ils n'apportent que très peu de nutriments et sont suspectés d'être à l'origine de l'épidémie d'obésité actuelle.

L'origine des cultures et des produits

OGM, engrais, pesticides... Soumises à un rendement toujours plus important, les cultures subissent une liste interminable de traitements, qui aboutit à un appauvrissement dramatique des sols nécessitant alors toujours plus d'intrants. Les élevages animaux ne sont pas non plus en reste. Avec des antibiotiques, du soja transgénique... ces animaux, poussés à être matures en un mois et demi au lieu de trois, ne respirent pas vraiment la vitalité[75].

Mais les choses changent. Avec la prise de conscience collective d'un environnement toujours plus pollué, nous avons vu fleurir ces dernières années tout un tas de labels, notamment en lien avec les produits d'origine biologique. En mangeant des produits d'origine biologique, nous diminuons considérablement les taux de polluants de nos assiettes, et donc de notre organisme, qui ne s'en porte que mieux[76].

Pour rappel, les denrées alimentaires doivent être stockées le moins longtemps possible[77].

Manger vivant, consommer des aliments d'origine biologique, crus et entiers

Pour renforcer la part d'aliments entiers (non raffinés), choisir aussi souvent que possible des aliments dans leur version d'origine biologique et « entière » :

- Céréales complètes (ou semi-complètes) ;
- Sel gris iodé ;
- Sucre de canne broyé non transformé type rapadura ;
- Huiles avec les mentions « vierge » et « première pression à froid » (non désodorisées, non décolorées) embouteillées dans des contenants opaques ;
- Légumes et fruits de saison, choisis à maturité et d'origine locale ;
- Animaux élevés dans de bonnes conditions.

Il est conseillé de laver les fruits et les légumes au moment de la préparation, mais le trempage prolongé est à éviter car il va faire perdre des nutriments à l'aliment.
Donc un petit passage rapide sous l'eau avant grattage ou épluchage et c'est tout.
Bien sûr, il n'est pas forcément possible de tout passer en bio. En conséquence :

- Privilégier les produits d'origine biologique pour les aliments que l'on sait très traités : fraises, raisins, clémentines, épinards, pommes, poivrons, pêches ou nectarines, laitues... ;
- Éplucher systématiquement ce qui n'est pas d'origine biologique.

Les modes de cuisson

C

Incontestablement, sur les céréales ou sur les produits carnés, la cuisson apporte de la texture, du goût, des arômes et améliore la digestibilité. Néanmoins, à température trop élevée (> 110 °C) et sur des temps longs, elle devient délétère et produit des molécules complexes dont certaines peuvent se révéler toxiques voire cancérigènes. Voici quelques exemples de températures de cuisson courantes :

- Au four : > 150 °C ;
- En friture ou grillade : > 300 °C ;
- En autocuiseur : jusqu'à 140 °C.

Concernant la viande, c'est une cuisson aux alentours de 70 °C qui est préférable. Au-delà de cette température, des phénomènes chimiques tels que l'agrégation des protéines viennent allonger le temps de digestion. À partir de 200 °C, certains acides aminés essentiels sont totalement dénaturés voire cancérigènes[78].

Pour les céréales, les temps de cuisson prolongés augmentent la perte des vitamines du groupe B et notamment de la thiamine (B1)[79]. Par ailleurs, certaines vitamines peuvent être fortement endommagées par la chaleur, c'est le cas des vitamines C, B1 et B9[80].
Pour les légumes (et les fruits), pendant les transformations par la chaleur (ébullition, blanchiment...), les pertes en vitamines sont notables. La vitamine C est détruite et les autres vitamines se retrouvent dans l'eau de cuisson. Ces dernières sont donc perdues la plupart du temps, sauf dans le cas des soupes, où cette eau est gardée.

Seuls les caroténoïdes (vitamine A) sont résistants à la cuisson. L'utilisation de la vapeur à basse température est ce qui préserve le mieux les vitamines et minéraux des légumes[81]. La cuisson en cocotte est également à retenir. Les aliments mijotent dans leur jus. Il y a moins de pertes que dans les autres modes de préparation. Les marinades ou les préparations pochées à feu éteint sont également idéales pour les poissons[82].

Ainsi, mieux vaut privilégier les cuissons douces à la vapeur ou à l'étouffée, inférieures à 100 °C, qui, dans un temps court et en évitant le contact avec l'eau, sont moins destructrices. Pour l'utilisation du four, il est préférable de choisir une température aux alentours de 100 °C avec un temps de chauffage plus long[83].
Enfin, certains modes de cuisson dégagent des composés toxiques. C'est le cas notamment du barbecue ou des fritures, qui sont à utiliser avec parcimonie[84].

Les boissons

La quantité des boissons à prendre dans une journée est une question assez récurrente en naturopathie. Il se trouve en effet que, pour beaucoup de personnes, les quantités bues sont insuffisantes.

La seule boisson indispensable est l'eau. Elle est très importante non seulement pour l'hydratation, mais aussi pour le renouvellement liquidien, et notamment le nettoyage cellulaire et les différentes opérations de vidange. Il est toujours difficile de donner des quantités exactes quant à la consommation recommandée, dans la mesure où cela varie selon les dépenses. En cas de forte

activité physique ou sportive, la consommation sera forcément accrue. La quantité de 1,5 litre environ semble faire consensus[85]. Cette quantité s'entend en plus de l'eau contenue dans les aliments. Ne sont pas prises en compte dans ce calcul les boissons type thé ou café, qui ont d'ailleurs tendance à amplifier l'urine et à déshydrater. L'eau plate est préférable à l'eau gazeuse, qui sera choisie avec un faible taux de sodium.
Concernant les boissons sucrées et les sodas, on connaît aujourd'hui leur responsabilité dans l'épidémie d'obésité ou de maladies du foie notamment. Ils sont donc à consommer de manière très occasionnelle.
Les jus de fruits frais seront consommés en dehors des repas. Les jus « en conserve » (brique ou bouteille) sont moins intéressants. Les différents traitements qu'ils subissent pour répondre aux normes altèrent leurs composants[86].

Le lait n'est pas une boisson

À l'âge adulte, le lait n'est plus une boisson indispensable, l'alimentation solide fournissant tous les nutriments dont nous avons besoin. De plus, à moins de consommer du lait cru, il ne reste ni enzyme ni ferment lactique dans ces laits surchauffés et homogénéisés qui nous sont proposés. Nous avons donc là un aliment totalement dévitalisé que beaucoup de personnes ne digèrent pas bien, voire auquel elles sont intolérantes.
Parmi les options de remplacement, les laits de chèvre ou de brebis peuvent être essayés. Les laits végétaux sont une alternative. Leur composition et leur utilité dans votre alimentation sont toutefois à vérifier. Il est parfois plus aisé de supprimer purement et simplement un aliment qui ne nous convient pas plutôt que de chercher un équivalent.

3 Bien manger, bien digérer

Découvrir son profil alimentaire en naturopathie

Les capacités digestives sont un point clé car elles sont différentes chez les uns et chez les autres. Instinctivement, nous le savons depuis notre enfance. En naturopathie, nous avons pris l'habitude de travailler en fonction du profil de chaque personne. Il en existe de nombreux types. Je vous propose ici d'explorer les constitutions déterminées par le Dr Vannier (1880-1963), homéopathe. Elles sont aux nombres de trois :

- Fluorique ;
- Carbonique ;
- Phosphorique.

Au travers de ce petit test, vous allez découvrir quel est votre profil et ainsi en apprendre plus sur vos « capacités » digestives. Cochez les cases qui conviennent et additionnez le nombre de A, B ou C. Reportez-vous ensuite en dessous du questionnaire pour les résultats.

Vous êtes plutôt	fin et allongé	A
	petit et carré	B
	grand et mince voire maigre	C
Votre démarche est	rapide et légère	A
	sûre, lente et précise	B
	ample et parfois maladroite	C
Vos mains et vos membres sont	longs et minces	A
	courts et larges, os massifs	B
	longs et maigres	C
Si vous tendez votre bras	l'angle de votre coude = 180 ° vous êtes assez souple	A
	l'angle de votre coude < 180 ° vous n'êtes pas très souple	B
	l'angle de votre coude > 180 ° vous êtes hypersouple	C
Petit, vos dents	se chevauchaient un peu ; vous avez une tendance aux caries	A
	étaient blanches, carrées et bien alignées	B
	se chevauchaient beaucoup ; l'émail de vos dents est de moyenne qualité	C
Vous êtes plutôt	sensible et imaginatif	A
	réaliste, méthodique, appliqué	B
	intuitif, observateur, compréhensif	C

Votre humeur est	variable avec des très hauts et des très bas ; vous êtes facilement fatigué ; vous aimez les changements	A
	stable ; vous avez beaucoup d'énergie ; la régularité vous convient	B
	à tendance variable ; les autres ont parfois du mal à vous suivre ; il vous arrive d'avoir des idées fixes ; vous êtes facilement fatigué	C
Physiquement,	le système respiratoire est un de vos points faibles	A
	vous avez tendance aux œdèmes	A
	vos ongles sont cassants, vos cheveux tombent	A
	la peau est un de vos points faibles	B
	vous avez tendance au surpoids	B
	le ventre est un de vos points faibles	C
	le système veineux est un de vos points faibles	C
	le système nerveux est un de vos points faibles	C
Vous aimez	l'air frais sur votre visage mais êtes frileux ; le climat de montagne ne vous convient pas	A
	la fraîcheur et craignez le soleil et l'humidité	B
	l'altitude, le jour et la montagne	C

Votre visage	est légèrement coloré, vos mains sont froides	A
	est bien coloré, vos mains sont chaudes	B
	est pâle, vos mains sont froides	C
Total de A :		
Total de B :		
Total de C :		

Un maximum de A : constitution phosphorique

Vous êtes de bonne taille et votre silhouette est souple.

Votre alimentation est assez intuitive et relativement équilibrée, car vous sentez que vous pouvez vite être en difficulté si vous ne respectez pas vos capacités digestives. Vous avez tendance à « brûler vite » ce que vous consommez.

Vous devez toutefois veiller à maintenir des protéines d'origine animale ou végétale dans votre assiette pour l'entretien de votre réserve tissulaire. Les légumes et les fruits crus et cuits sont souvent déjà présents dans votre alimentation. Néanmoins, comme pour votre cousin fluorique, vous devez éviter les agrumes et les fruits acides, qui font fuir vos minéraux.

Vous devez régulièrement entretenir votre foie, qui est assez sensible. Des exercices doux et réguliers vous font le plus grand bien.

Un maximum de B : constitution carbonique

Vous avez beaucoup d'énergie vitale et un bon appétit. Votre masse osseuse est importante. Vous êtes de taille moyenne et plutôt large d'épaule.

Vos capacités digestives sont très bonnes... ce qui vous encourage aux excès ! Il est temps de penser à alléger votre assiette en diminuant les fritures, les charcuteries, les viandes en sauce... Les légumes et les fruits crus et cuits sont à augmenter dans votre assiette car ils sont souvent peu présents. Les agrumes, qui ont une capacité à fluidifier le sang, vous font le plus grand bien. Vous avez tendance à consommer un peu trop de protéines. Vous devriez varier vos sources en augmentant les viandes blanches, les poissons et les légumineuses.
Avec l'âge, vous devez maintenir une activité physique relativement soutenue pour freiner votre tendance à l'embonpoint. De plus, vous pourriez être sujet aux maladies cardiovasculaires et de « pléthore » (goutte, diabète, cholestérol...).

Un maximum de C : constitution fluorique
Vous êtes de grande taille et fin, voire un peu maigre. Votre masse osseuse est nettement moins dense que votre opposé, le carbonique. Vous êtes beaucoup dans le mental et devez gérer votre énergie car vous êtes fatigable. Par ailleurs, vous avez du mal à grossir.
Vous aimez qu'il y ait du goût dans votre nourriture et avez tendance à abuser du sel, des épices et autres excitants (alcool, tabac...). Votre appétence pour le sucre est souvent là depuis l'enfance. Vos capacités digestives vous imposent de ne pas charger trop vos repas car votre digestion est plutôt lente. Il est temps de penser à alléger votre assiette en diminuant les protéines et en variant les céréales afin de ne pas toujours consommer du blé (pâtes, semoule, boulgour, pain...).
Les légumes et les fruits crus et cuits sont à augmenter dans votre assiette car ils sont souvent peu présents. Vous éviterez les légumes et les fruits trop acides, et notamment les agrumes, car ils viennent « voler » les minéraux si précieux à votre constitution, qui a déjà tendance à en manquer. Ceci aggrave vos douleurs articulaires et votre sensibilité nerveuse.

En conclusion, quelle que soit votre constitution, vous devez apprendre à vivre en bonne intelligence avec, afin de préserver votre potentiel vital. Inutile donc de vous forcer à manger comme votre voisin, qui ne vous ressemble pas !

Le temps du repas

Un temps pour soi

Le temps du repas doit être un moment de calme, de détente et de plaisir, un temps pris pour soi, pour se régénérer, recharger les batteries. Plus nous accordons d'attention à ce moment, plus facile et efficace sera notre digestion. L'atmosphère dans laquelle nous prenons notre repas est très importante. Stress, angoisses, mauvaise ambiance, peuvent aussi entraver la digestion.

Il faut une vingtaine de minutes à notre cerveau, en constante connexion avec notre système digestif, pour envoyer les premiers signaux de satiété. À nous d'être attentif afin de ne pas les rater. Autrement, gare à l'impression d'avoir trop mangé en fin de repas ou de sortir de table en ayant carrément mal au ventre !

Pour être au plus près de nos sensations, dans l'idéal, le repas :

- Répond à une vraie faim ;
- Se déroule assis à table, sans écran et dans une atmosphère conviviale ;
- Dure au moins trente minutes, pas de repas « au lance-pierre ».

Le meilleur moment pour se restaurer

Quel est le meilleur moment pour le repas ? La réponse semble évidente : quand la faim se fait sentir. Facile, n'est-ce pas ? Ce n'est pourtant pas forcément ce que nous pratiquons au quotidien, empêtrés que nous sommes entre les multiples recommandations alimentaires, obligations professionnelles ou familiales et nos envies.

La règle de base devrait être de manger quand on a faim, et uniquement quand on a faim. La faim est la résultante d'un ensemble de mécanismes très complexes en provenance aussi bien du système nerveux que du système digestif.

Il faut tout d'abord distinguer celle-ci de l'envie de manger. Du petit creux à la faim de loup, la faim se signale par des manifestations physiques telles que gargouillis, crampes d'estomac… mais aussi par des signes psychiques qui vont du manque de concentration à l'irritabilité. À ne pas confondre avec l'envie de manger, qui elle ne repose pas sur une demande physiologique. Elle répond à un désir d'aliments, il n'y a pas de faim. Et les prises alimentaires interviennent souvent à des horaires autres que ceux des repas. Les émotions et parfois certaines habitudes (« petit » gâteau avec le café de 10 heures, « petit » chocolat de 21 heures…) en sont souvent à l'origine.

Les habitudes horaires et alimentaires jouent d'ailleurs un grand rôle dans le déclenchement de la faim. À tel point que cela peut être un vrai effort de les changer. Telle personne est persuadée qu'elle ne peut se passer de sucré en fin de repas, telle autre qu'elle doit absolument manger dès le lever sous peine de malaise. Mais il s'agit souvent de croyances. Les habitudes nous permettent de gagner du temps et de ne pas avoir à réfléchir. Néanmoins, les bousculer de temps en temps peut être une bonne idée pour nous permettre de découvrir que nous sommes adaptables plus facilement que nous le croyons.

Dans le cas où les prises alimentaires sont corrélées aux émotions, il peut être utile de prendre un temps pour se poser et en prendre conscience afin de pouvoir les transformer, si nécessaire avec de l'aide.

Prendre conscience de ce qui est en jeu

Pour cela, écrire sur une fiche dédiée toutes les fois où l'on mange en dehors des repas peut s'avérer fort instructif. Seront à noter :

- Les heures ;
- Ce qui est mangé ;
- Le pourquoi : faim, ennui, contrariété, habitude...

Cela permet de mettre clairement en lumière ce qu'il se passe et de pouvoir y remédier.

Composer son assiette

Manger selon les saisons

Pendant quelques décennies, la profusion de denrées à notre disposition dans les supermarchés nous a presque fait oublier la saisonnalité des aliments, même si depuis plusieurs années la tendance s'inverse et remet au goût du jour l'importance de consommer les produits au moment où la nature nous les met à disposition[87].

Légumes de saison

PRINTEMPS

ail
artichaut
asperge
aubergine
betterave
blette
carotte
choux (rave, brocoli)
concombre
courgette
épinard
fenouil
laitue
navet
oignon
petit pois
poivron
radis noir

Fin de saison
chou-fleur
endive
frisée
poireau

ÉTÉ

ail
artichaut
aubergine
betterave
blette
carotte
céleri branche
choux (rave, brocoli)
concombre
courge
courgette
épinard
fenouil
frisée
haricot vert
laitue
navet
oignon
panais
poireau
poivron
potiron
radis noir

Fin de saison
asperge
brocoli
petit pois

AUTOMNE

ail
betterave
carotte
céleri branche
céleri-rave
choux (vert, kale, fleur, brocoli)
citrouille
courge
échalote
endive
épinard
frisée
mâche
navet
oignon
panais
poireau
potiron
radis noir
rutabaga
salsifis
topinambour

Fin de saison
aubergine
blette
brocoli
chou-rave
concombre
courgette
fenouil
haricot vert
laitue

HIVER

ail
betterave
carotte
choux (vert, fleur)
endive
épinard
frisée
mâche
navet
oignon
panais
poireau
rutabaga
salsifis
topinambour

Fin de saison
céleri branche
céleri-rave
courge

À condition de bien les choisir, en mangeant les fruits et légumes de saison, nous avons une plus grande certitude d'apporter à notre corps les nutriments dont il a besoin. Ce n'est pas un hasard si les fruits les plus juteux sont disponibles en été, au moment même où le risque de se déshydrater et de perdre ses minéraux est le plus grand. Selon les saisons, notre corps nous renseigne d'ailleurs sur ce qui lui convient le mieux. Et nous nous sentons spontanément plus attirés par un plat de lentilles en hiver qu'en été, où l'envie de fraîcheur sera prépondérante.

Fruits de saison

PRINTEMPS

citron
pamplemousse
poire
pomme

À partir de juin

abricot
cerise
fraise
rhubarbe
tomate

ÉTÉ

abricot
amande
brugnon
cassis
cerise
citron
coing
fraise
framboise
groseille
melon
mirabelle
mûre
pamplemousse
pastèque
pêche
pomme
prune
rhubarbe
tomate

Fin de saison

figue
noisette
noix
poire
pruneau
raisin

AUTOMNE

châtaigne
citron
clémentine
coing
kaki
kiwi
mandarine
orange
poire
pomme

HIVER

citron
clémentine
kiwi
mandarine
orange
pamplemousse
poire
pomme

Manger chaud ou manger froid ?

Indépendamment des saisons, si l'on se réfère aux recommandations de la médecine chinoise, il n'est pas conseillé de manger froid. En effet, quelle que soit la saison, c'est notre estomac qui devra faire le travail de réchauffer les aliments, en consommant une partie de l'énergie qui pourrait être dédiée à autre chose. En conséquence, pour les personnes avec un estomac solide et au top de leur énergie, cela ne pose pas de problème de manger froid. À l'inverse, et quelle que soit la saison, pour celles plutôt à tendance frileuse, rapidement rassasiées et en manque d'énergie, mieux vaut prioriser les plats chauds. Il en va de même pour les boissons, que l'on choisira à température ambiante plutôt que glacées.

L'assiette type

Le petit déjeuner

C'est probablement le repas le plus important de la journée. Des études montrent que les personnes qui privilégient le repas du matin en qualité et en quantité prennent moins de poids que celles dont le repas le plus copieux est celui du soir.
Selon la médecine chinoise, le fonctionnement de nos organes est optimal à certains horaires. Dans le cas de l'estomac, c'est de 7 heures à 9 heures le matin. Cela signifie que c'est le moment où il est le plus apte à fournir l'effort nécessaire à la digestion.

Le petit déjeuner est malheureusement, depuis de nombreuses années, beaucoup trop chargé en glucides rapides et pas assez consistant. Cela épuise l'organisme, ne parvient pas à contenter la plupart des personnes et favorise le grignotage. Aussi, je vous encourage à prendre le temps d'un vrai petit déjeuner. Dans l'idéal, celui-ci se compose d'une protéine, d'une céréale et de lipides de bonne qualité, le tout accompagné d'une boisson chaude.

Trois suggestions de petits déjeuners

1 boisson chaude + 1 ou 2 œufs brouillés + une tranche (ou 2) de pain complet bio + un peu d'huile crue de bonne qualité
1 boisson chaude + une purée de légumineuses (type houmous) + une tranche (ou 2) de pain complet bio +/- un peu d'huile crue de bonne qualité
1 boisson chaude + une purée d'oléagineux (amandes par exemple) + une tranche (ou 2) de pain complet bio

Si l'idée d'une protéine le matin ne vous fait vraiment pas envie, voici une version plus fruitée de petit déjeuner, véritable bombe nutritionnelle, équilibrée en protéines, glucides et lipides. Je le conseille souvent car il a fait ses preuves :

- Disparition des fringales ;
- Meilleur équilibre alimentaire sur l'ensemble de la journée ;
- Augmentation de l'énergie et des capacités de travail.

Cette recette mise au point par France Guillain s'appelle le « Miam-Ô-Fruit[88] » et comprend :

- ½ banane bio écrasée ;
- 2 cuillères à soupe d'huile de lin, de noix ou de colza (ou autres huiles riches en oméga-3) ;
- 1 cuillère à soupe rase de graines de lin broyées ;
- 1 cuillère à soupe rase de graines de sésame broyées ;
- 2 cuillères à café (ou plus) du jus d'un citron fraîchement pressé ;
- Des graines oléagineuses (broyées ou non) : 2 noisettes + 1 noix + 1 amande ;
- Des fruits variés et de saison, coupés en morceaux (en fonction de votre faim).

Les deux premiers ingrédients sont mélangés jusqu'à l'obtention d'une consistance crémeuse. Sont ensuite additionnés les graines broyées et le jus de citron, puis les oléagineux et les fruits. Tous les ingrédients sont choisis d'origine biologique et l'huile doit être vierge et de première pression à froid.
C'est la banane qui tient lieu de protéine. La quantité d'une demi-banane est importante à respecter. Au-delà, l'index glycémique du mélange s'élève et le risque de fringale apparaît, notamment en fin de matinée. Les agrumes, melons et pastèques sont à éviter en raison de leur digestion trop rapide.
Les graines peuvent être broyées à l'avance et conservées quelques jours au réfrigérateur dans un récipient hermétique. Les personnes qui redoutent les graines de lin[89] mettront le double de graines de sésame en remplacement.
Le Miam-Ô-Fruit peut être consommé sur l'un des trois repas de la journée. C'est une idée de goûter intéressante

pour les enfants. Le secret de la bonne assimilation de ce petit déjeuner est dans la mastication (de trente à quarante minutes selon F. Guillain). Elle assure une bonne digestion du mélange.
Une fois l'habitude prise, ce petit déjeuner est assez rapide à préparer.

Des idées à tartiner pour un petit déjeuner copieux et sain

- Purée d'avocat ;
- Purée d'oléagineux (noisettes, sésame…) ;
- Purée de légumineuses (type houmous) ;
- Caviar d'aubergines ;
- Préparation à tartiner à base de soja ;
- Tartare d'algues ;
- Rillette de poissons ;
- Fromage frais ;
- etc.

Le déjeuner

Pour le déjeuner, voici, en référence, une proposition d'assiette qui se répartit en trois divisions composées comme ci-dessous :

- Une moitié d'assiette est remplie avec des légumes crus et/ou cuits (les fruits seront plutôt consommés en dehors des repas) ;
- Un quart de l'assiette avec des féculents ;
- Le dernier quart avec des protéines.

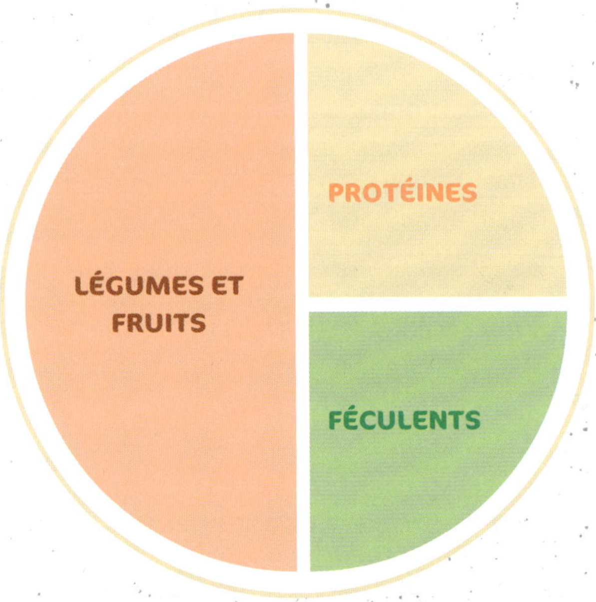

Protéines : viandes rouges, viandes blanches, poissons, coquillages et crustacés, œufs, laitages et fromages, pois chiches, haricots rouges, haricots blancs, fèves, lentilles, quinoa, produits à base de soja (tofu, tempeh...), champignons, algues, amandes, etc.
Féculents : pommes de terre, patates douces, châtaignes, produits à base de blé (semoule, pâtes, boulgour...), maïs, riz, sarrasin, millet, etc.

Si vous respectez les quantités réclamées par votre corps, il est probable que le dessert soit de trop. C'est une habitude qui n'est pas indispensable. Les personnes qui tiennent absolument à finir par du sucré privilégieront une compote de fruits sans sucre ajouté. En dehors des repas de fêtes, il est préférable d'éviter de terminer le repas par un glucide rapide. Plus il est riche, plus ce dernier augmente la charge glycémique et un retour de la faim prématuré.

Le dîner

Un p'tit café pour terminer ?

Voici un rite très répandu, et bien au-delà de l'Hexagone, que celui du petit café en fin de déjeuner. Mais, pour beaucoup de personnes, cela complique la digestion et rend l'après-midi difficile. Ces effets sont dus à la caféine. Si vous êtes dans ce cas, préférez un café décaféiné (à l'eau et non avec des solvants) ou supprimez-le purement et simplement. Les effets positifs se feront alors rapidement sentir.

Il est constitué sur la base de l'assiette du midi. Toutefois, les protéines peuvent être omises ou leur quantité grandement réduite.

Si possible, évitez le dessert le soir ou privilégiez une compote sans sucre ajouté.

Remarques : quel que soit le repas, il faut choisir !

C'est viande ou fromage : si du fromage est consommé au cours du repas, alors il tient lieu de protéine. Dans l'idéal, il est conseillé d'éviter différentes protéines sur un même repas. De même, c'est pain ou pâtes. S'il y a du riz ou des pâtes dans « la case » féculents, alors il n'y a pas de pain. Sinon, il tient lieu de féculent à lui tout seul.

Plus la composition de l'assiette est simple, mieux la digestion se déroule et plus l'énergie du corps est épargnée pour d'autres tâches.

Un panier à provisions qui privilégie la qualité des produits

Avoir une jolie assiette bien composée est déjà une chose. Mais si, en plus, le temps a été pris de sélectionner soigneusement la qualité et l'origine des produits, c'est encore mieux.

Devenez locavore !

En achetant des produits locaux, c'est tout d'abord une démarche de préservation environnementale notable qui est mise en avant. Mais en plus, il y a aussi davantage de garanties quant à la qualité des produits :

- Il sera plus facile de connaître la provenance et la manière dont les produits auront été cultivés ou élevés ;
- Cela donne accès à des variétés anciennes ou oubliées qui ne se retrouvent plus dans les circuits « longs » ;
- Avec moins de transport et moins de manutention, les produits se conservent mieux ;
- La possibilité de trouver des produits de saison cueillis à maturité, plus riches en goût et en qualité nutritionnelle, est plus grande ;
- Plus besoin de se demander si tel fruit ou tel légume est de saison, il le sera forcément.

Par ailleurs, pour certains produits extrêmement traités comme les pommes, le céleri, les fraises, les pêches, les épinards, les abricots, le raisin, les poivrons, les pommes de terre, la laitue… les choisir de culture biologique est quasiment une obligation. Certains comptabilisent jusqu'à soixante pesticides différents[90] !

Suggestion de menus pour deux semaines

Pour plus de facilité, et en tenant compte de l'assiette proposée précédemment, voici une suggestion de menus pour deux semaines et la liste des courses correspondantes, à moduler en fonction de la saison, de ses habitudes et de ses goûts.

SEMAINE 1		
Jour	Midi	Soir
Lundi	Céleri en crudité Riz + lamelles de blanc de poulet Chou rouge	Soupe de légumes minestrone
Mardi	Avocat Quinoa + lentilles Brocoli	Soupe de légumes Mesclun de jeunes pousses Omelette
Mercredi	Salade verte Galettes complètes de sarrasin (œufs...)	Soupe de lentilles corail Ratatouille
Jeudi	Carottes râpées Riz + champignons Fricassée de poireaux	Wok oignons, carottes, poireaux Quinoa
Vendredi	Salade d'endives crues Pommes de terre Poivrons sautés	Soupe de légumes Salade d'épinards crus Maquereaux

Samedi	Concombre Pâtes Poêlées de légumes variés	Libre*
Dimanche	Libre*	Courgettes rôties à la feta et amandes

* Les repas sont à adapter en fonction de la vie sociale.
Des « extras » sont possibles, avec modération.

Les courses de la semaine 1

Les légumes

Ail, aubergines, avocats, carottes, céleri, champignons, chou rouge, concombres, courgettes, endives, épinards, haricots verts (minestrone), oignons, poireaux, poivrons, jeunes pousses, salade verte ;

Les féculents et céréales

Galettes de sarrasin, haricots blancs (minestrone), pâtes complètes ou semi-complètes, pommes de terre, quinoa, riz complet ou semi-complet ;

Les protéines

Amandes, blanc de poulet, feta, garniture pour les galettes, maquereaux, œufs ;

Autres

Une huile d'olive et une huile de noix de bonne qualité.

SEMAINE 2		
Jour	Midi	Soir
Lundi	Salade de mâche Escalope de dinde épicée au curry Pâtes complètes	Carottes râpées Taboulé de quinoa
Mardi	Salade verte Tarte saumon épinards	Soupe de légumes Pommes de terre (cuites vapeur avec peau) + brousse de brebis
Mercredi	Wok de crevettes + petits pois + riz complet	Houmous + tranche de pain de seigle Crudités râpées
Jeudi	Salade de concombre Lentilles + courgettes au curry Maïs	Soupe de légumes Betteraves rouges Sardines ou maquereaux
Vendredi	Courgettes farcies au chèvre frais Graines de couscous	Salade de jeunes pousses Poisson de votre choix Carottes Vichy
Samedi	Salade de tomates Gratin de patates douces	Libre*
Dimanche	Libre*	Salade verte Œuf(s) à la coque Pain complet

* Les repas sont à adapter en fonction de la vie sociale.
Des « extras » sont possibles, avec modération.

Les courses de la semaine 2

Les légumes

Ail, betteraves rouges, carottes, chou, concombre, courgettes, épinards, mâche, oignons, petits pois, poivrons, salade verte, tomates ;

Les féculents et les céréales

Graines de couscous entier, lentilles, maïs, pain complet, pain de seigle, patates douces, pâtes complètes, pois chiches, pommes de terre, quinoa, riz complet ou semi-complet ;

Les protéines

Brousse de brebis, crevettes, escalopes de dinde, œufs, poisson au choix, sardines, saumon.

Cinq superaliments pour enrichir son assiette

Les superaliments ont la particularité de présenter une valeur nutritionnelle nettement supérieure aux autres aliments. Souvent ignorés ou sous-employés, ils sont une bonne façon d'enrichir son assiette sans devoir passer par l'ajout de compléments alimentaires.

Voici cinq catégories. Les herbes aromatiques et les épices peuvent être utilisées au quotidien. Pour les autres, le mode d'emploi sera précisé après la description de chacune.

Les herbes aromatiques et les épices

Utilisées depuis la nuit des temps, les herbes aromatiques et les épices l'ont d'abord été dans un but médicinal. Car tout en facilitant la digestion, elles assainissent le bol alimentaire. Par ailleurs, elles rehaussent subtilement le goût des mets salés ou sucrés. Elles enrichissent en vitamines et minéraux les plats et diffusent leurs propriétés :

- Antiseptiques : aneth, cardamone, clou de girofle, marjolaine, romarin, sarriette, sauge, thym... ;
- Antiaérophagie : anis étoilé, basilic... ;
- Antioxydantes (antivieillissement) : basilic, ciboulette, coriandre, persil... ;
- Antispasmodiques : estragon... ;
- Digestives : basilic, gingembre, laurier, menthe, piment de Cayenne, poivre... ;
- Antiballonnements, gaz, fermentations intestinales : coriandre, romarin, sarriette... ;
- Anti-inflammatoires : curcuma...

Il est à noter que les épices ont également pour particularité de rehausser la biodisponibilité des micronutriments présents dans les aliments qu'elles accompagnent[91].

Varier les herbes aromatiques

Les utiliser lors de la préparation des plats aussi souvent que souhaité est une bonne alternative pour diminuer les quantités de sel et de sucre dans les plats. Les utiliser crues le plus souvent possible ou surgelées afin de bénéficier de tous leurs bienfaits.

Les graines germées

Il s'agit de graines que l'on fait germer pour les consommer crues. En « réveillant » la graine, la germination décuple la qualité et la quantité de ses composants : acides aminés, glucides, fibres, vitamines... Sa digestibilité en est améliorée et ses nutriments rendus hautement assimilables[92]. Les antioxydants y sont également très présents. Une étude montre que leur augmentation peut aller jusqu'à 168 % après germination[93].

En plus ou moins grande quantité, elles viennent compléter l'assiette et y ajouter « du vivant ».

Elles sont très faciles à réaliser soi-même et se trouvent aussi déjà germées en magasins biologiques.

À part les graines de rhubarbe, de soja jaune, de tomate et d'aubergine (qui sont toxiques), elles peuvent toutes être mises en germination, entre autres :

- Les graines aromatiques : carvi, coriandre, cumin, fenouil, fenugrec, persil, raifort ;
- Les graines des céréales : amarante, avoine, blé, épeautre, kamut, maïs, millet, orge, quinoa, riz, sarrasin, seigle ;
- Les graines des légumineuses : alfalfa, haricot azuki, haricot mungo, lentilles (vertes, corail, blondes), pois chiche ;
- Les graines potagères : betterave rouge, brocoli, carotte, céleri, chicorée, choux (chinois, rouge et vert), épinard, navet, petit pois, pourpier, radis ;
- Les graines de plantes à bulbes comestibles (Liliacées) : ail, ciboulette, oignon, poireau ;
- Les graines mucilagineuses (elles développent une substance gélatineuse en germant) : basilic, chia, cresson, lin, moutarde, roquette ;
- Les graines oléagineuses : amande, courge, sésame, tournesol.

La germination rend aussi plus digestes certaines céréales qui « passent mal » sous leur forme classique (blé par exemple). Avec elle, il n'y a pas de phénomène d'intolérance.

Elles se trouvent facilement en magasin biologique, en vrac pour certaines (légumineuses par exemple) ou en présentation sachets de graines à germer.

Commencer par faire germer des graines faciles et rapides

Alfalfa, graines de courges, amandes, lentilles, etc., par exemple, présentent un goût plutôt doux et assez neutre, intéressant pour une première approche. Certaines de ces graines – fenugrec, cresson, radis, moutarde, roquette… – ont un goût piquant ou épicé assez relevé. Elles apporteront de la variété dans les préparations.

Une fois les graines germées, elles sont à ajouter crues dans chaque assiette à raison d'une bonne cuillère à soupe ou plus selon l'envie. Elles peuvent être consommées chaque jour.

Pour aller plus loin, je vous propose en annexe I d'apprendre à faire germer vos graines, de découvrir le mode d'emploi pour commencer et les précautions à prendre.

Les légumes et aliments lactofermentés

Kéfir, choucroute crue, miso, jus, légumes... parmi les super-aliments, les légumes et aliments lactofermentés ont une place à part car ils sont le résultat d'une transformation.

Consommer des aliments lactofermentés selon son profil

Ils peuvent être dégustés en plat aussi souvent que désiré. Cependant, pour entretenir le microbiote au quotidien, ou en cas de transit paresseux, ils sont à ajouter à l'assiette du midi ou du soir, à raison d'au moins une cuillère à soupe de légumes lactofermentés chaque jour jusqu'à amélioration.

Connue de manière ancestrale, la lactofermentation est à l'origine une méthode de conservation d'une époque sans congélateur ni réfrigérateur. Elle consiste à enfermer les aliments choisis dans des bocaux avec du sel et de l'eau, éventuellement des aromates. Les bocaux sont remplis à ras bord de façon qu'une fois fermés il n'y ait pas d'air. À l'issue de cette opération, les bactéries lactiques, présentes à la surface des légumes, vont commencer à se développer et produire l'acide lactique responsable du processus de conservation.

Les aliments stockés de cette manière voient leurs micronutriments et leurs vitamines préservés voire décuplés dans leur action par rapport aux mêmes aliments non fermentés[94]. De plus, par leur richesse en fibres et bactéries, les légumes et aliments

lactofermentés sont une source de pré- et probiotiques extraordinaire[95].
À noter qu'il n'y a pas de lactose dans cette préparation, qui peut être utilisée sans crainte par les intolérants.

Le pollen

Avec le miel, la gelée royale et la propolis, le pollen fait partie des produits de la ruche. Il est produit par les étamines des fleurs et est constitué d'une multitude de particules. C'est en butinant les fleurs que les abeilles le récupèrent sur leurs pattes arrière. Elles le transportent ensuite jusqu'à la ruche sous forme de petites pelotes.

Considéré comme le « steak des abeilles » pour sa richesse en protéines (dont les acides aminés essentiels), le pollen est un aliment complet, riche et très nutritif. Il présente une composition très intéressante en divers nutriments, dont[96] :

- Glucides ;
- Lipides, dont des acides gras essentiels pour une bonne part ;
- Vitamine B (sauf B12) ;
- Antioxydants (vitamines A, E, C, sélénium) ;
- Minéraux (calcium, phosphore, zinc...) ;
- Phyto-œstrogènes ;
- Des ferments lactiques, des fibres, des levures, des enzymes... indispensables à notre flore de fermentation (probiotiques).

Il est présent depuis des siècles dans les préparations de médecine traditionnelle chinoise et en soins naturels traditionnels. Des vertus fortifiantes, rééquilibrantes et antioxydantes lui sont attribuées[97], c'est par ailleurs un bon régulateur des transits difficiles.

Comment et quand consommer du pollen ?

Dans l'idéal, utiliser le pollen sous forme de cure de plusieurs semaines, à raison d'une bonne cuillère à soupe chaque jour au petit déjeuner, ou plus selon l'envie. Si le goût paraît un peu difficile, il peut être mélangé à de la compote ou même dilué dans un fond d'eau.
Choisir le pollen sous sa forme « fraîche » ou « fraîche surgelée », car il renferme alors toutes les levures vivantes et les ferments lactiques, ce qui n'est plus le cas une fois déshydraté. La quantité nécessaire pour plusieurs jours est à sortir du congélateur et à mettre en attente, dans un petit récipient, dans le réfrigérateur. Il faudra au moins deux à trois semaines avant d'en ressentir les bienfaits.

Pour aller plus loin, je vous propose en annexe II une méthode pour bien choisir son pollen.

Les algues marines

Traditionnellement présentes dans les préparations culinaires asiatiques, les algues marines sont les grandes oubliées de nos assiettes. Elles sont néanmoins extrêmement pourvues en fibres, minéraux et oligoéléments. Puissamment antioxydantes (anti-vieillissement) et aussi très appréciées pour leur forte teneur en protéines végétales et en fer, elles contiennent également une bonne quantité d'acides gras essentiels (le « bon gras »)[98].

Cette composition exceptionnelle leur confère des vertus anticancer et de protection de la sphère cardiovasculaire (hypertension, cholestérol...). Avec leur pH alcalin (entre 8,3 et 10), elles s'avèrent également un très bon complément dans tous les états résultant d'un déséquilibre acido-basique : inflammations articulaires, frilosité, nervosité...

Elles se différencient également par leur richesse en iode. L'iode est un des éléments clés du bon fonctionnement de notre thyroïde, organe de régulation du corps (croissance, chaleur, digestion, humeur, poids...). Quelques grammes d'algues marines chaque jour suffisent à couvrir nos besoins.

Vertes, brunes ou rouges, vous les connaissez notamment sous les noms de :

- Nori : algue des makis ;
- Dulse : goût très doux ;
- Kombu : très iodée ;
- Wakamé : algue de la soupe miso, un des aliments les plus riches en calcium ;
- Laitue de mer : la moins iodée.

Les algues dulse et nori sont souvent regroupées ensemble sous l'appellation « salade de la mer » ou « salade du pêcheur ».

Les algues marines se consomment sous forme de condiments ou en légumes d'accompagnement crus ou cuits.

Compte tenu des atouts des unes et des autres, il est intéressant de les varier. Elles se trouvent très facilement en version sèche et sont proposées sous forme de feuilles, plaques, paillettes… Les algues fines (laitue de mer, dulse, nori) sont à saupoudrer directement sur les soupes (après cuisson), les salades… Les autres, plus épaisses, ont besoin d'être réhydratées par trempage dans l'eau froide, de quelques minutes à un quart d'heure en moyenne. Comptez au moins trente minutes pour le wakamé. Les algues s'ajoutent aussi à l'eau de cuisson des légumineuses pour les rendre plus digestes. Sèches ou fraîches, elles se trouvent facilement au rayon condiments des magasins biologiques ou épiceries fines. Elles figurent aussi au rayon frais, cuisinées ou non.
N'hésitez pas à goûter les tartares d'algues fraîches (délicieux !).
À noter qu'en raison de la présence de vitamine K, la consommation de ces algues n'est pas recommandée aux personnes sous anticoagulant. Pensez également à vous faire conseiller par un professionnel de santé si vous souffrez d'un problème thyroïdien.
Transvaser des algues déshydratées dans un petit pot qui sera mis bien en vue dans la cuisine. Les saupoudrer sur les assiettes ou bols de soupe aussi souvent que souhaité.

En conclusion, je vous suggère d'introduire les superaliments en commençant par celui de votre choix et d'en faire une cure. Puis vous passerez sur un autre et ainsi de suite, de manière à prendre l'habitude d'en ajouter le plus souvent possible dans vos assiettes.

Spiruline et algues d'eau douce

Dépourvues d'iode, la spiruline comme la klamath possèdent quasiment les mêmes qualités nutritives que les algues marines. Elles font partie des nutriments les plus riches en protéines de la Terre, et notamment bien plus que la plupart des viandes. La spiruline a d'ailleurs été reconnue pour son rôle clé dans le combat contre la malnutrition par les autorités de Madagascar en 2019*.
Bien que celle-ci se trouve aujourd'hui facilement sous forme de poudre ou de paillettes, elle reste, de mon point de vue, plus de l'ordre du complément alimentaire. Son goût est particulier et semble plus difficile à mélanger à l'assiette, qu'elle colore en vert ! Je vous encourage toutefois à la découvrir si vous ne la connaissez pas encore.

* Antenna France, « La spiruline reconnue par les autorités à Madagascar », août 2019 (https:/www.antenna-france.org/la-spiruline-reconnue-par-les-autorites-a-madagascar/).

L'équilibre acido-basique

L'équilibre acido-basique est géré dans notre corps par « les systèmes tampons », dont le rôle est de maintenir le pH sanguin entre 7,36 et 7,42. En dessous d'un pH de 7, la tendance est à l'acidification ; à l'inverse, au-delà d'un pH de 7, le terrain est basique. Notre alimentation, nos modes de vie, globalement très acidifiants, sollicitent à l'excès ces mécanismes, et finissent par entraîner fatigue, parodontose, caries, aphtes, frilosité, maux de tête…

Bien qu'assez imprécise, la prise du pH urinaire sur plusieurs jours permet d'évaluer une tendance de cet équilibre acido-basique. Pour le maintenir ou le rétablir, il est conseillé d'agir sur plusieurs axes :

- Régler l'alimentation ;
- Favoriser l'élimination des acides par le corps ;
- Reminéraliser.

Axe n° 1 : régler l'alimentation

Pour cela, voici quelques clés :

- Augmenter la quantité de légumes et de fruits alcalinisants et les consommer préférentiellement crus. C'est-à-dire :
  - Tous les légumes, sauf : asperge, artichaut, aubergine, chou de Bruxelles, cornichon, oignon, oseille, poireau, rhubarbe, tomate notamment ;
  - Tous les fruits, sauf : abricot, ananas, cassis, framboise, groseille, kiwi, mûre orange, pamplemousse, notamment.
- Privilégier les amandes (très basifiantes) ou les noix du Brésil pour les oléagineux ;
- Consommer des aromates et des fines herbes au quotidien ;
- Préférer les céréales complètes, moins acidifiantes que les « blanches » ;
- Éviter les sucres rapides (sucre blanc, soda...) ;
- Boire suffisamment, et notamment des jus de légumes.

Les protéines animales ou végétales (légumineuses) sont globalement acidifiantes. Pensez à les consommer avec de bonnes quantités de légumes.

Axe n° 2 : favoriser l'élimination des acides par le corps

Le **frêne** ou l'**aubier du tilleul** seront choisis pour leurs capacités à drainer les acides par les reins.
La peau est aussi un des organes d'élimination des acides. Les bains hyperthermiques répétés en favorisent l'exsudation (à faire tous les jours pendant deux à trois semaines).

Axe n° 3 : reminéraliser

Certaines plantes, telles que l'**ortie** ou la **prêle**, sont riches en silice et seront très reminéralisantes. Elles peuvent être d'une grande aide, en tisane ou en gélules. En complément, la spiruline, revitalisant de premier ordre et basifiante, s'avère également très efficace dans ce cadre.
Enfin, il ne faudra pas oublier de se détendre, de s'aérer et de faire du sport…

4 Les erreurs les plus fréquentes

Lorsque je reçois des personnes pour des conseils en alimentation, le motif le plus fréquemment évoqué est la fatigue, une fatigue qu'elles traînent parfois depuis longtemps sans qu'il y ait pour autant de pathologie.

Nous l'avons vu, déjà en temps normal, la digestion est longue et monopolise chez tout un chacun beaucoup d'énergie. Si s'ajoute à cela une alimentation « non adaptée », une fatigue de fond peut s'installer.

De nombreux indicateurs viennent signaler une digestion qui ne se passe pas comme prévu :

- Sensation de faim précoce après un repas ;
- Sensation de satiété dès le début du repas ;
- Somnolence en fin de repas ;
- Mauvaise haleine ;
- Aigreurs, brûlures ;
- Ballonnements, rôts ;
- Inconfort digestif, gaz, digestion trop lente ;
- Transit trop rapide ou trop lent...

À l'origine de ces problématiques, on trouve souvent des maladresses dans la conception de l'assiette, mais aussi beaucoup de stress quotidien. 61 % de Français se plaignent de stress et un Français sur deux souffre de troubles digestifs[99].
L'impact du surmenage sur l'appareil digestif ne vous aura pas échappé. De la brûlure d'estomac à l'intestin irritable en passant par la difficulté à digérer, les troubles digestifs associés au stress sont nombreux. L'appareil digestif et le cerveau sont tellement liés qu'il est parfois difficile pour les scientifiques de dire si l'origine de certaines problématiques est digestive ou « mentale », car les informations entre ces deux « organes » circulent dans les deux sens. Et les chercheurs nous ont aussi montré qu'un microbiote composé de bactéries indésirables pouvait rendre anxieux, irritable ou stressé.
Ainsi, en cas de troubles digestifs, en plus de corriger son assiette si nécessaire, il peut être judicieux de rechercher du côté du stress. En cas de difficultés, dans tous les cas et afin d'y voir un peu plus clair, il convient de prendre l'habitude de noter ce qui est mangé et bu, et les effets produits. Bien souvent, cela donne déjà un premier éclairage sur les éventuelles modifications à apporter.

Concernant l'assiette, voici donc les erreurs les plus couramment rencontrées, sources de fatigue, et les solutions pour y remédier.

Une assiette trop riche ou mal conçue

Nous avons tous fait l'expérience de manger un peu trop à un repas et de se retrouver somnolent ensuite, voire de devoir faire la sieste. Si la digestion est problématique, la première chose à faire est de simplifier l'assiette.

Les plats en sauce et les fritures associés à des desserts sucrés, outre un contenu calorique excessif, solliciteront toute l'énergie disponible pour le travail de transformation. Les salades composées, les poke bowls ou les buddha bowls, aussi beaux soient-ils pour les yeux, sont parfois hautement indigestes tellement le mélange d'ingrédients est important. Méfiez-vous notamment de ceux qui comportent des fruits. Pour certaines personnes, il est impératif de consommer ces derniers en dehors des repas.

Apporter de la simplicité aux menus

- Commencer par s'inspirer du modèle d'assiette défini au chapitre III ;
- Éviter de consommer deux ingrédients de même nature en même temps, par exemple : du thon et des œufs (= 2 protéines) ;
- Privilégier les composants les plus faciles à digérer pour soi ;
- Détecter les mélanges qui ne conviennent pas ;
- Réintroduire des condiments et des aromates dans les plats afin de faciliter la digestion (coriandre, basilic...) ;
- Si une réunion de travail est prévue à 14 heures, mieux vaut supprimer les viandes lourdes à digérer sur le repas du midi ; les légumineuses, par exemple, seront à privilégier.

Une nourriture dévitalisée

Métro, boulot, dodo… Dans nos vies plus que remplies, le temps pour se faire à manger vient à manquer. Et la profusion de plats déjà tout prêts ou de conserves à réchauffer semble séduisante. Malheureusement, que reste-t-il de « vivant » dans ces préparations ? Nous l'avons vu, nous ne pouvons faire l'impasse très longtemps sur celui-ci. À défaut d'aliments revitalisants, la fatigue est assurée.

Un aliment vivant est un aliment frais, cru, non raffiné, non transformé, non traité, qui contient un maximum de nutriments. Les oléagineux, les fruits et les légumes crus, de ce point de vue, sont particulièrement indispensables. Ils doivent être présents au quotidien. Les consommer cuits ne suffit pas. Bon nombre de vitamines sont détruites au-delà de 70 °C. D'une façon générale, les aliments doivent être consommés rapidement. Méfiez-vous des stocks et de ce qui reste trop longtemps dans les placards : les farines, les conserves… Par ailleurs, les pesticides, l'irradiation, les engrais chimiques, les additifs… contribuent grandement à dévitaliser nos aliments.

Les compléments alimentaires peuvent bien sûr vous apporter une aide. Mais ils ne remplaceront jamais une pomme ou une carotte, ces aliments que notre corps sait reconnaître et qu'il est programmé pour assimiler et utiliser en totalité.

Gagner en vitalité dans l'assiette

- Manger tous les jours du cru ;
- Préparer soi-même les plats avec des recettes simples ;
- Utiliser exclusivement des méthodes de cuisson douce ;
- Prévoir d'emblée les bonnes quantités pour ne pas avoir à réchauffer les aliments ;
- Privilégier les aliments entiers d'origine biologique.

Repérer les bons aliments d'un coup d'œil !

Nous ne pouvons passer notre temps à lire toutes les étiquettes pour savoir à quel type d'aliments nous avons affaire. Aussi, comprendre les règles d'étiquetage des aliments rend plus facile leur sélection.
Voici quelques clés :

- Les ingrédients sont inscrits par ordre décroissant de quantité ;
- Plus la liste est longue, plus l'aliment est transformé, voire ultratransformé ;
- Le sucre, qui n'a rien à faire dans des préparations salées, peut être signalé sous différents noms : saccharose, sirop de riz, sirop de maïs, sirop de malt, sirop d'orge, sirop de fructose, sirop de glucose... ;
- Méfiance vis-à-vis des préparations aux ingrédients imprononçables ou inconnus, ou que l'on ne trouve pas dans un garde-manger familial : glutamate monosodique (E621), diacétate de potassium (E261)... ;
- Au-delà de trois additifs : fuir !

Oui, à la mastication, et non, au repas au « lance-pierre »

Manger, c'est aussi mettre en action tous nos sens et éprouver du plaisir. Bien souvent, nous commençons par humer un plat avant de le découvrir avec les yeux puis de le déguster grâce à nos papilles gustatives et nos dents. Pas une émission de cuisine qui ne nous parle de consistance, de croquant...

Pour une digestion de qualité, sans lourdeur, aucune des étapes ne doit être manquée. Et notamment la mastication, en tout premier lieu, d'autant qu'elle dépend de notre volonté, que ce n'est pas un acte automatique[100]. Dans la bouche, les aliments sont broyés par l'action mécanique des dents et imbibés d'enzymes salivaires, qui commencent pour certaines à dégrader la nourriture... à condition que cette dernière reste suffisamment longtemps dans la bouche. Car moins l'aliment passe de temps au contact de nos papilles, moins elles ont le temps de renseigner le cerveau de ce qui se passe. Or ces informations envoyées par les papilles concernent autant la qualité de ce que nous venons d'ingérer (bon ou mauvais) que la composition du bol alimentaire. En retour, l'estomac et les autres organes de la digestion commencent à se préparer et à adapter leurs sucs digestifs.
C'est ce temps de mastication qui, *via* le cerveau, va déclencher la sensation de satiété, indiquant ainsi qu'il est temps de s'arrêter, que les besoins du moment en nutriments sont remplis.

« Boire » les aliments et « mastiquer » les boissons !

- Prendre au moins vingt minutes pour le repas, de manière à avoir le temps de réduire en bouillie la nourriture ; modifier au besoin son organisation pour redonner au repas ce temps nécessaire ;
- Manger moins en quantité si le temps manque ; adapter les autres repas en conséquence pour « compenser » si besoin ;
- Mettre au menu des ingrédients qui nécessitent de mâcher ; éviter les aliments trop mous (souvent trop cuits), que l'on risque d'avaler au lieu de les broyer avec les dents ;
- Privilégier des préparations avec des morceaux coupés petits.

Nos vieux réflexes

L'habitude et l'éducation nous emprisonnent parfois dans de vieux réflexes qui peuvent avoir des conséquences sur notre confort digestif et aussi sur notre tour de taille :

- Toujours finir son assiette (même sans faim) ;
- Se resservir souvent (même sans faim) ;
- Ne pas sentir le goût de ce que l'on mange ;
- Appliquer des recommandations alimentaires totalement inadaptées à sa constitution sans écouter les « messages de son corps » ;
- Toujours finir par une « note » sucrée.

L'absence de petit déjeuner

Si, depuis votre tendre enfance, vous ne petit-déjeunez pas et si cela vous convient tout à fait, alors ne changez rien. C'est d'ailleurs un des principes du jeûne intermittent. Cependant, si vous ne prenez pas de petit déjeuner et si dès 11 heures vous êtes totalement affamé et commencez à manger tout ce qui passe puis grignotez toute la journée... alors il est temps de changer quelque chose.
Pour certaines personnes, l'impact du petit déjeuner dans l'équilibre alimentaire semble crucial. En le réintroduisant ou en le rééquilibrant, la journée prend une tout autre tournure : fini le grignotage, retour des capacités intellectuelles, moins de « coups de mou ».

Introduire, si possible, des protéines dès le petit déjeuner

Pour bon nombre de personnes, cela change tout. La digestion va alors prendre plus de temps. Plus de coup de barre à 10 heures ou 11 heures, et la possibilité d'arriver jusqu'au repas de midi sans se jeter dessus.
Pour des idées variées sur la composition du petit déjeuner, je vous invite à vous reporter au chapitre III, « Composer son assiette ».

Un repas du soir tardif

Selon l'adage, nous devrions « faire un petit déjeuner de roi, un déjeuner de prince et un dîner de pauvre ». C'est la nuit que la plupart de nos organes d'élimination (foie, reins, intestins)

fonctionnent le plus. Un repas tardif, voire copieux, risque de monopoliser cette énergie normalement dédiée au nettoyage. L'endormissement est retardé et le réveil du matin est difficile. La surcharge alimentaire finit par se traduire par du gras et des kilos en trop. Plus l'heure du dîner est tardive, plus nous allons stocker, moins le travail de réparation du corps va avoir lieu, le travail de digestion étant prioritaire. Au petit matin, cela se traduit notamment par des difficultés à sortir du sommeil et à se lever.
Dans l'idéal, le repas du soir est pris relativement tôt, autour de 19 heures, ce qui laisse du temps au corps pour s'occuper de la digestion. C'est le repas le plus frugal de la journée. Il peut se composer d'un potage de légumes, de légumes crus ou cuits et d'un féculent par exemple, en respectant les quantités nécessaires pour combler la faim. Si besoin, il est possible de terminer par une compote sans sucre ajouté.

Non-stop alimentaire et fringales

Manger sans cesse est sans doute une des premières causes de fatigue... et de mal-être ! Il s'agit là du fait de manger à toute heure, et même la nuit, un peu ou beaucoup, selon les envies et non la faim. Le système digestif, sursollicité, n'en finit plus de travailler et de s'épuiser.
Les fringales y sont souvent associées, car les aliments consommés de cette manière sont pour une bonne part de la *junk food*, c'est-à-dire des préparations trop salées, trop sucrées, hautement transformées, avec des charges caloriques importantes et des valeurs nutritives quasi nulles (pizzas, *fast-food*, snacks, chips, viennoiseries, sucreries en tout genre...). Il s'ensuit des pics et des chutes glucidiques importants dans le sang. Le besoin de manger à nouveau se fait alors sentir très rapidement et c'est le cercle infernal que l'on connaît, avec irritabilité, prise de poids, mal-être.

En finir avec les fringales et le non-stop alimentaire

- Retrouver un rythme avec des heures fixes de repas et des périodes d'au moins trois heures sans ingurgiter de nourriture ;
- Commencer la journée par un petit déjeuner consistant (avec des protéines et du « bon gras ») ;
- Revenir à une alimentation la moins transformée possible ;
- Veiller à la diminution des quantités de sucre et de sel dans les préparations ;
- Préférer les aliments entiers (non raffinés), qui nourrissent vraiment ;
- Prévoir des fruits ou des oléagineux en cas de fringales ; les soupes en morceaux (sans féculent) ou moulinées grossièrement sont « un outil » intéressant pour patienter jusqu'au repas.

Astuce antikilos

Se préparer une soupe de légumes (sans féculent) en hiver ou à l'automne. La verser dans une bouteille isotherme et la consommer en milieu d'après-midi quand l'envie de grignoter se fait sentir ou en début de repas, notamment le soir, au retour du travail. La faim (et le besoin de réconfort !) est parfois si forte à ce moment de la journée qu'il peut être difficile de ne pas se jeter sur le réfrigérateur. La soupe peut être remplacée au printemps et à l'été par un smoothie de fruits frais (sans sucre ajouté).

Trop de sel dans les préparations

Le sel, ce petit plus qui donne tant de goût aux plats ! Malheureusement, nous le consommons tous en trop grande quantité. D'après l'OMS, « on pourrait éviter chaque année 2,5 millions de décès si la consommation de sel au niveau mondial était ramenée au niveau recommandé[101] ». Il faut dire que la consommation moyenne journalière tourne entre 9 et 12 grammes par jour et par personne au lieu des 2 à 5 grammes recommandés (5 grammes = moins d'une cuillère à café). Sa forte consommation est corrélée notamment aux maladies cardiovasculaires (dont hypertension artérielle et infarctus) et aux accidents vasculaires cérébraux. Elle est également une des raisons de la rétention d'eau dont souffrent nombre de femmes.

Voici quelques clés pour diminuer les quantités de sel dans les préparations

Stopper l'ajout de sel dans les préparations culinaires maison :

- Ne plus en mettre dans les eaux de cuisson (riz, pâtes, pommes de terre…). À première vue, cela peut sembler un peu rude si on en a l'habitude, mais en réalité le goût s'adapte très rapidement, d'autant que la plupart du temps nous ajoutons à ces ingrédients, une fois cuits, des sauces, du fromage… eux-mêmes déjà salés ;
- En finir avec les bouillons cubes et autres aides culinaires quand c'est possible ; en tout cas, ils doivent rester l'exception ;

Diminuer la quantité quotidienne d'aliments riches en sel :

- Charcuterie, plats préparés, plats instantanés, fromage, snacks salés ;

- Sucreries et desserts industriels, qui en contiennent la plupart du temps ;
- Supprimer la salière de la table ;
- Prêter attention aux quantités de pain, une baguette contenant en moyenne 4,7 grammes de sel !

On remplace le sel par :
- Des épices et des aromates, pour maintenir les saveurs des plats ;
- Du gomasio, un mélange de graines de sésame et de sel ; le sésame a la particularité de rehausser la saveur salée ;
- Du tamari, une sauce soja fermentée qui, bien que très salée, est aussi très riche en goût ; il en faut donc très peu ;
- Du sel très pauvre en sodium, type « salines de Formentera ».

Pour les fois où le besoin de sel se fait sentir, utiliser exclusivement du sel iodé non raffiné (sel gris) pour sa richesse en minéraux.

Pas assez de bons gras dans l'assiette

Comme nous l'avons vu au chapitre II, nos assiettes ont tendance à contenir plus de gras que pas assez ! Malheureusement, la qualité n'est pas souvent au rendez-vous : trop de graisses saturées, pas assez de bons gras. Ceci concourt à renforcer l'inflammation dans le corps, et ainsi la maladie. La consommation de gras de qualité devrait être quotidienne *via* les huiles, les poissons gras et les oléagineux, et la ration oméga-3/oméga-6 devrait être d'une pour quatre.

Consommer plus de bons gras tout au long de la semaine

- Consommer des poissons gras (sardines, maquereaux…) au moins trois fois par semaine ;
- Ajouter systématiquement dans les assiettes une à deux cuillères à soupe d'huile crue riche en oméga-3 (lin, noix…) ;
- Ne pas hésiter à enrichir les plats avec des graines de lin ou des noix (moulues de préférence) ;
- Une supplémentation en capsules d'huile de poissons ou d'huile de lin par exemple peut intervenir en complément, en cure d'un à trois mois, de temps en temps, s'il semble difficile d'atteindre les quantités recommandées.

À noter que les graines, et notamment les graines de lin, non moulues sont déconseillées en cas de diverticules.

Pas assez de protéines dans l'assiette

Voici une erreur que je rencontre assez souvent, notamment chez les personnes âgées (souvent par manque d'envie) ou les personnes qui passent d'un régime carné à un régime végétarien. Le régime végétarien a fait ses preuves[102] et est, entre autres, très intéressant dans la lutte contre les maladies cardiovasculaires. Néanmoins, le passage d'une alimentation « classique » au mode végétarien est parfois périlleux. On observe chez certaines personnes que les protéines manquent au profit des quantités de glucides, qui deviennent trop importantes. Nous l'avons vu, nous ne pouvons pas nous passer des protéines.

Elles sont indispensables à notre structure. Sans protéine dans l'assiette, très rapidement la fatigue physique se fait sentir.

Transiter à son rythme vers les protéines végétales

- Prendre le temps de faire connaissance avec les protéines végétales : spiruline, légumineuses, soja, tempeh, tofu, quinoa, champignons, algues, amandes, fromages frais (feta, ricotta…), graines (chanvre, courge, chia…), graines germées, céréales… ;
- Associer systématiquement, dans l'assiette du midi, des protéines végétales de son choix (au minimum une cuillère à soupe) à des céréales ;
- Ne pas hésiter à visiter les sites de recettes végétariennes, voire vegans, qui regorgent de conseils et idées originales pour composer des menus ;
- Penser à faire un dosage de vitamines B12 régulièrement afin de valider l'état de ses réserves et l'éventuelle nécessité d'une supplémentation.

Trop de protéines dans l'assiette

À l'inverse, la présence de protéines, notamment animales, peut être trop importante dans l'assiette et entraîner des effets indésirables sur la santé. Mauvaise haleine, fermentations intestinales, troubles du transit, cholestérol, calculs rénaux, goutte, cancer… les excès de protéines animales et surtout de viandes rouges ne sont pas sans conséquences. D'ailleurs, les régimes ancestraux de type méditerranéen ou d'Okinawa (Japon) sont réputés pour être à l'origine de centenaires qui prônent tous la frugalité et un régime pauvre en viandes rouges notamment[103].

Réduire peu à peu les protéines animales

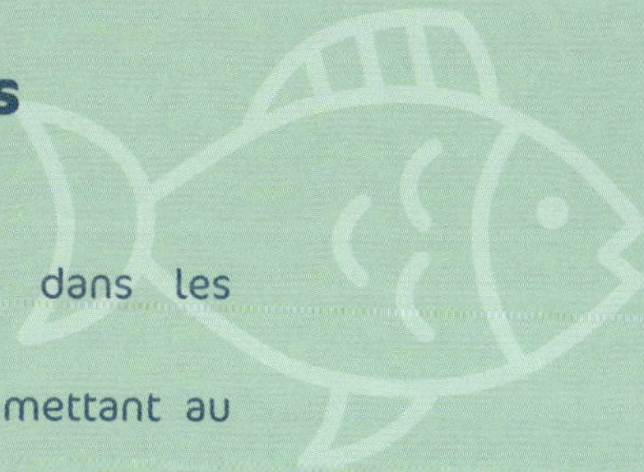

- Varier les sources de protéines ;
- Augmenter les quantités de légumes dans les assiettes ;
- Adopter les protéines végétales en les mettant au menu de plus en plus souvent ;
- Privilégier les œufs et les poissons tout d'abord, et ensuite les viandes blanches ;
- Consommer de manière exceptionnelle les viandes rouges.

Laitages en quantité trop importante

Vantés pour leurs bons taux de calcium et élevés au rang d'indispensables depuis des années dans notre monde occidental, les produits laitiers semblent devenus obligatoires. Néanmoins, ils présentent plusieurs inconvénients :

- Ils rajoutent des protéines au repas quand ils sont pris en plus, ce qui est le cas la plupart du temps ;
- Ils contiennent trop de graisses saturées (facteurs de prise de poids, cholestérol, maladies cardiovasculaires) ;
- Les fromages à pâtes dures sont excessivement chargés en sel ;

- Chez les enfants et de nombreux adultes, les laitages sont souvent consommés sous forme de yaourts très sucrés et aromatisés, certaines recettes pour les enfants ont d'ailleurs plus le goût de bonbon que de laitage ;
- La stérilisation, à haute température, du lait le transforme en un aliment dépourvu d'enzymes et d'éléments « vivants » ;
- Le lait de vache est une des premières causes d'intolérance alimentaire.

L'argument mis en avant par les industriels est bien entendu notre besoin quotidien en calcium, car nous avons fini par nous laisser persuader qu'aucun autre aliment ne pouvait nous en apporter. Or il n'en est rien et les sources sont multiples.

Incorporer d'autres sources de calcium à son alimentation

Sources animales

- Sardines à l'huile (avec les arêtes) ;
- Saumon ;
- Anchois.

Sources végétales

- Algues : nori, wakamé, laitue de mer ;
- Légumes : chou frisé, chou kale, brocoli, cresson, roquette... ;
- Légumineuses : tofu, haricot blanc, pois chiches, haricot mungo... ;
- Oléagineux : amandes, noix du Brésil, noisettes, sésame, lin... ;
- Fruits secs : figues, dattes... ;
- Herbes aromatiques : thym, basilic, menthe, persil...

La disponibilité du calcium des végétaux est par ailleurs tout à fait acceptable[104].
N'oubliez pas de varier les sources régulièrement. Concernant la consommation de laitages, favoriser les fromages frais de brebis ou de chèvre.

Trop de boisson pendant le repas

Les enzymes digestives sont-elles diluées par le fait de boire pendant le repas ? La digestion en est-elle perturbée ? Ces questions font l'objet de nombreuses controverses et il est bien difficile de démêler le vrai du faux. Aujourd'hui, aucune étude ne tend à valider cette théorie. Cependant, force est de constater que le fait de ne pas boire pendant le repas soulage certaines personnes pour qui la digestion est devenue laborieuse.

Boire autrement et écouter son corps

Pendant quelque temps, boire exclusivement avant le repas ou à quelques heures de distance, afin de vérifier si la digestion s'améliore. Si cette modification n'apporte pas de changement, demander l'avis d'un naturopathe pour comprendre ce qu'il se passe.

5 Entretenir la fonction digestive

Les plantes du système digestif

Malgré toutes les transformations mises en œuvre, il reste parfois des périodes où la digestion s'avère plus compliquée que prévu. Faciles à trouver, en tisane notamment, les plantes médicinales sont d'un grand secours. Elles sont toutefois à utiliser de manière temporaire. En cas de symptômes digestifs persistants, il est recommandé de demander l'avis de son médecin.

Pour se constituer une pharmacie à visée digestive, voici quelques plantes à choisir, de culture biologique de préférence, et selon ses besoins. Les versions tisanes (de plantes fraîches si possible) ou teintures mères sont à privilégier. Elles se trouvent en herboristerie, pharmacie ou magasin biologique :

- Artichaut ;
- Camomille allemande ;
- Chardon-marie ;
- Chrysanthellum americanum ;
- Fenouil ;
- Graines de lin ;

- Graines de psyllium ;
- Mélisse ;
- Myrtille ;
- Pissenlit ;
- Radis noir ;
- Réglisse ;
- Romarin.

Il est également possible de choisir ou de faire faire des mélanges qui en contiendront trois à cinq d'entre elles (pharmacie ou herboristerie).

Il convient de vérifier les posologies en fonction du produit utilisé, elles sont données ici à titre indicatif. Les concentrations peuvent varier selon les fabricants. Ces recommandations ne conviennent pas aux enfants, aux femmes enceintes ou allaitantes. Consulter un professionnel si besoin.

En cas de brûlures d'estomac et de reflux

En dehors de toute pathologie, les brûlures passagères et les reflux sont très souvent liés au stress ou à une alimentation trop grasse ou inadaptée. Il conviendra donc d'explorer au plus près son assiette et ses conditions de vie afin d'apporter les corrections nécessaires.

Les plantes indiquées

Camomille allemande (*Matricaria chamomilla*)
En infusion : dans une tasse, verser 100 ml d'eau bouillante sur 1 cuillère à soupe de fleurs de camomille et laisser infuser 10 minutes en couvrant la tasse. Filtrer et boire 3 à 6 fois par jour.

Jus de pommes de terre crues
Un petit verre, avant le repas, 3 à 4 fois par jour pendant au moins 3 à 4 semaines.

Mélisse (*Melissa officinalis*)
Elle intervient ici en tant que calmante du système nerveux.
En infusion : dans une tasse, verser 200 ml d'eau bouillante sur 1 cuillère à soupe de plantes séchées et laisser infuser 10 minutes en couvrant la tasse. Filtrer et boire 3 fois par jour.

Réglisse (*Glycyrrhiza glabra*)
Bien connue pour son action adoucissante des muqueuses digestives, et notamment de l'estomac.
En teinture mère : 20 gouttes dans un peu d'eau, 3 fois par jour à la fin du repas pendant 21 jours.
Attention : Ne pas utiliser en cas d'hypertension.

En cas de lenteurs digestives, digestion des graisses difficiles

Elles peuvent être dues à des assiettes trop compliquées à digérer ou trop riches en graisses saturées. Mais l'insuffisance de liquide biliaire peut aussi en être la cause. C'est le foie qui produit de manière régulière les liquides biliaires et les dépose en attente du travail de digestion dans la vésicule biliaire. Ces liquides biliaires sont indispensables, ils émulsionnent les graisses pour les rendre digestibles et éliminent certains déchets (résidus liés à la destruction des « vieux » globules rouges, surplus de cholestérol). En cas de difficulté à digérer les graisses, c'est aussi de la vésicule dont il faut s'occuper.

Les plantes indiquées

Radis noir (*Raphanus sativus* var. *niger*)
Pour une action drainante du foie : à consommer en crudité plusieurs fois par semaine.
En teinture mère : 25 gouttes dans un peu d'eau, 3 fois par jour au repas **pendant 21 jours maximum**.

Artichaut (*Cynara scolymus*)
Aide à la digestion des graisses ; soutient la digestion par son action d'activation, de stimulation et de drainage du foie et de la vésicule biliaire.
En teinture mère : 25 gouttes dans un peu d'eau, 3 fois par jour au repas.

Romarin (*Rosmarinus officinalis*)
Stimule la vésicule biliaire un peu paresseuse.
En infusion : 1,5 g pour une tasse, à répéter plusieurs fois par jour.

En cas de ballonnements et de gaz

Quelles que soient les plantes qui seront choisies, c'est en premier lieu la composition de l'assiette et de l'ensemble des prises alimentaires de la journée qui doit être revue.
Toutefois, si les douleurs sont plutôt situées à droite au niveau du côlon et que les gaz sont non odorants, c'est la consommation de fibres qui peut poser problème. La revoir à la baisse si possible. Dans le cas où l'état douloureux se manifeste à gauche avec des gaz malodorants, il s'agit plutôt d'un excès de protéines (surtout animales). Il faut donc les revoir à la baisse au profit de celles d'origine végétale pendant un temps.
C'est peut-être aussi le moment d'une petite diète de quelques jours afin d'y voir plus clair. Nous découvrirons plus loin comment la mettre en place.

La plante indiquée

Fenouil (*Foeniculum vulgare*)
En teinture mère : 20 gouttes dans un peu d'eau, 3 fois par jour entre les repas.
En infusion : dans une tasse, verser 200 ml d'eau bouillante sur 1 cuillère à café de graines séchées et broyées, et laisser infuser 10 minutes en couvrant la tasse. Filtrer et boire 2 à 3 fois par jour entre les repas.

En cas de spasme, colite, douleurs intestinales

Compte tenu de l'étroite relation entre cerveau et intestin, vous ne serez sûrement pas étonné de constater que, parmi les plantes qui soulagent les spasmes abdominaux, certaines sont aussi des plantes recommandées pour apaiser le système nerveux. C'est notamment le cas de la mélisse.

Les plantes indiquées

Mélisse (*Melissa officinalis*)
Antispasmodique, elle est aussi calmante du système nerveux.
En infusion : dans une tasse, verser 200 ml d'eau bouillante sur 1 cuillère à soupe de plantes séchées et laisser infuser 10 minutes en couvrant la tasse. Filtrer et boire entre les repas.
En teinture mère : 25 gouttes dans un peu d'eau, 3 fois par jour au repas pendant 21 jours.

Fenouil (*Foeniculum vulgare*)
En teinture mère : 20 gouttes dans un peu d'eau, 3 fois par jour entre les repas.
En infusion : dans une tasse, verser 200 ml d'eau bouillante sur 1 cuillère à café de graines séchées et broyées et laisser infuser 10 minutes en couvrant la tasse. Filtrer et boire 2 à 3 fois par jour entre les repas.

Menthe poivrée (*Mentha × piperita*)
En infusion : dans une tasse, verser 200 ml d'eau bouillante sur 5 à 6 feuilles de menthe poivrée et laisser infuser 5 à 10 minutes. Filtrer et boire à la fin du repas.

En cas de transit accéléré

Nous parlons ici de troubles du transit occasionnel sans pathologie. Si vous souffrez d'un transit accéléré de manière permanente ou d'une alternance constipation/diarrhée, je vous encourage à demander conseil auprès de votre naturopathe, qui sera en mesure de vous prendre en charge de manière plus globale.
Avant de se tourner vers les plantes, il est possible de boire de l'eau de riz ou de manger de la pomme râpée jusqu'à résorption de la crise, comme le faisaient nos grands-mères. Le charbon (qui n'est pas une plante) s'utilise aussi de manière occasionnelle pour son action absorbante en cas de ballonnements ou de gaz persistants. Le choisir en gélules.

La plante indiquée

Myrtille (*Vaccinium myrtillus*)
En décoction : ajouter 50 grammes de fruits séchés dans 1 litre d'eau et porter le tout à ébullition. Ensuite, laisser frémir pendant 20 minutes en couvrant, puis filtrer. Laisser refroidir et boire au cours de la journée.

En cas de constipation occasionnelle

Bien souvent, il suffit de corriger son alimentation en augmentant grandement sa quantité de fibres et de boisson. Pour cela, ajouter à l'assiette de manière quotidienne du radis noir ou des légumes lactofermentés. Veiller également à augmenter son activité physique de manière notable.

Les plantes indiquées

Romarin (*Rosmarinus officinalis*)

Pour sa capacité à stimuler le foie.
En teinture mère : 20 gouttes dans un peu d'eau, 3 fois par jour, pendant 21 jours.
En infusion : 1,5 g pour une tasse, à répéter plusieurs fois par jour.

Graines de lin

Verser 1 cuillère à café de graines de lin dans un verre d'eau le soir. Laisser reposer toute la nuit et boire la totalité du verre le matin au lever.

Psyllium blond (*Plantago ovata*)

Connu aussi sous le nom d'ispaghul (un cousin très proche).

Une habitude venue du pays du soleil levant

Depuis la nuit des temps, et par absence d'eau potable disponible, les Chinois consomment leur eau de boisson tiède, et ce quelle que soit l'heure de la journée. Cette habitude est aussi très bonne pour venir à bout des constipations les plus opiniâtres. Commencer à jeun le matin, dès le lever, par boire 2 grands mugs d'eau tiède et continuer aussi dans la journée. Assez rapidement, le transit s'améliore et se régularise.

Verser 1 à 2 cuillères à soupe de graines dans un verre d'eau à boire le soir. Boire ensuite 1 à 2 verres d'eau en plus.

Dans tous les cas où le transit est perturbé sur plusieurs jours et de manière récurrente, il faut penser à refaire la flore intestinale avec des probiotiques.

Entretenir son foie

Le foie est l'organe le plus gros de notre corps et aussi le plus vascularisé. Il opère un filtrage permanent du sang circulant dans l'organisme et draine 10 % du sang total. Il reçoit une grande partie du sang chargé en nutriments issus des organes de la digestion. Le foie et l'intestin sont intimement liés et des troubles sur l'un des deux auront des conséquences à long terme sur les deux.
Le foie est notre « usine de retraitement des déchets » et c'est un organe qui a besoin de chaleur, puisque sa température de fonctionnement optimale avoisine les 40 °C. Cela lui permet à la fois une meilleure dégradation des aliments et une bonne élimination des bactéries pathogènes, toxines et autres résidus du métabolisme.
Les déséquilibres au niveau du foie sont favorisés par :

- Une alimentation dévitalisée (trop cuite, raffinée, carencée en fibres...) ;
- Les excès alimentaires répétitifs (gras, sucre, alcool, excitants...) ;
- Les pesticides, les additifs alimentaires... ;
- Le stress chronique (manque de sommeil) ;
- Les prises médicamenteuses au long cours (antibiotiques, antiacides, chimiothérapie, corticoïdes...).

En cas de difficulté digestive passagère, ne pas hésiter à mettre une bouillote chaude sur le foie. Pour un entretien plus en profondeur, il est recommandé de drainer le foie au moins au printemps, et si possible aussi en automne. Une cure se déroule sur trois semaines et est poursuivie sur trois semaines supplémentaires si nécessaire. Une pause d'une semaine entre les deux cures est recommandée.
En accompagnement de la cure, il peut être judicieux d'alléger son alimentation sur quelques jours. Pour cela :

- Stopper les glucides (riz, sucre...) et les légumineuses ;
- Enrichir ses rations de fruits, de légumes et d'oléagineux ;
- Les protéines en petite quantité restent autorisées ;
- Boire abondamment de l'eau.

Les plantes indiquées ci-dessous sont celles vues au chapitre précédent. Je vous recommande d'utiliser plutôt des teintures mères, plus concentrées que les tisanes et plus faciles à utiliser à long terme. Vous pouvez choisir aussi des mélanges hydro-alcooliques de plantes fraîches déjà préparés associant un maximum de trois plantes parmi celles proposées ci-dessous.

Pour soutenir la digestion

Artichaut (*Cynara scolymus*)
Stimule et active le drainage du foie et de la vésicule biliaire, et protège les cellules hépatiques du stress oxydant.
En teinture mère : 25 gouttes dans un peu d'eau, 3 fois par jour au repas.

Radis noir (*Raphanus sativus var. niger*)

Facilite la digestion et optimise les fonctions de détoxication du foie en stimulant les sécrétions biliaires et en favorisant leur évacuation. Très indiqué après les fêtes !

En teinture mère : 25 gouttes dans un peu d'eau, 3 fois par jour au repas.

Romarin (*Rosmarinus officinalis*)

Facilite la digestion en augmentant le flux et l'évacuation de vésicule biliaire. Protecteur du foie par inhibition des agents toxiques. Tonique et stimulant, il accroît la vitalité de tout l'organisme.

En infusion : 1,5 g pour une tasse, à répéter plusieurs fois par jour.

Pour un nettoyage en profondeur

Pissenlit (*Taraxacum officinale*)

Amer, il draine et stimule le foie. Il fait un travail d'essorage. C'est un bon nettoyeur de l'organisme. Intéressant si vous sentez que votre vésicule biliaire est enflammée.

En teinture mère : 25 gouttes dans un peu d'eau, 3 fois par jour au repas.

Pour une action de protection du foie

Chardon-marie (*Silybum marianum*)
Une des plantes essentielles, car ses principes actifs, notamment la silymarine, stimulent la régénération des cellules du foie. Ses propriétés :

- Favorise la production et l'évacuation de la bile (digestion) ;
- Est antioxydant et anti-inflammatoire ;
- Utile en complément ou en protection d'un traitement médicamenteux (contre l'hépatite, chimiothérapie...) ;
- En usage quotidien, elle freine le développement de la cirrhose ; l'OMS reconnaît l'usage de la silymarine pour traiter les intoxications hépatiques et son efficacité contre les maladies du foie (hépatite, cirrhose), en complément d'un traitement médical classique[105].

En teinture mère : 25 gouttes dans un peu d'eau, 3 fois par jour une demi-heure avant le repas.

Pour dégraisser un foie gras (cholestérol, triglycérides)

Chrysanthellum americanum
C'est *le* « dégraisseur » du foie. Ses propriétés :

- Protège le foie ;
- Augmente la sécrétion biliaire ;

- A une action anticalculs au niveau des reins et de la vésicule biliaire ;
- Indiqué les lendemains d'excès alimentaires ou alcooliques. C'est un détoxiquant du corps.

En teinture mère : 20 gouttes dans un peu d'eau, 3 fois par jour une demi-heure avant le repas.

Précaution : en cas de calculs, demandez conseil à votre médecin avant toute utilisation.

Entretenir son intestin

L'intestin, au même titre que le foie, mérite toute notre attention. Parfois, c'est même de lui dont il faut s'occuper en premier. Un intestin en souffrance va notamment se manifester par des douleurs, des ballonnements, un transit perturbé...
Pour rappel, le transit se doit d'être quotidien et « facile ». Dans le cas contraire, des modifications s'imposent. Comme nous l'avons vu précédemment :

- Révision de l'assiette avec simplification (moins de mélanges) et apport supplémentaire de fibres, notamment fruits et légumes frais ;
- Introduction d'une activité physique complémentaire ;
- Augmentation des quantités d'eau de boisson.

Deux plans à considérer à ce niveau : l'intestin et la flore intestinale.

L'intestin

En dehors des plantes que nous avons vues précédemment, bien souvent, lorsque l'intestin se manifeste par des inconforts voire des douleurs ou une fatigue liée à la digestion, la première chose à laquelle il semble judicieux de penser est le repos intestinal.
Rien de tel qu'une diète pour y voir clair !

Diète allégée

Dans un premier temps, et selon le ressenti, il peut s'agir de s'alimenter d'un bouillon clair sur un repas ou deux afin d'observer si les manifestions disparaissent, et de boire abondamment de l'eau ou des tisanes. Parfois cela suffit à apaiser un intestin trop sollicité.
Pour aller plus loin, si cela s'avère nécessaire, une diète allégée de quelques jours peut être mise en place. Pour ce temps, la composition de l'assiette est revue : suppression de pain, pâtes, riz, pommes de terre..., légumineuses, graisses saturées, sucres... ; les fruits et légumes, protéines et oléagineux sont autorisés. Cela permet notamment de nettoyer l'organisme (désinfiltrer les tissus et lutter contre la rétention d'eau), de retrouver de l'énergie et de se recaler au niveau alimentaire, au changement de saison ou après des excès...
Attention, des effets indésirables peuvent se manifester si le nettoyage est important : maux de tête, vertiges, nausées, coups de fatigue...

Voici donc en page suivante une suggestion pour deux jours qui, tout en allégeant les apports alimentaires, permet de continuer sa routine sans trop de dérangement.

JOUR 1	JOUR 2
Au lever	**Au lever**
1 grand verre d'eau tiède + 1 jus de citron, ½ heure avant le petit déjeuner	1 grand verre d'eau tiède + 1 jus de citron, ½ heure avant le petit déjeuner
Petit déjeuner	**Petit déjeuner**
1 thé vert + 1 salade de fruit ou 1 thé vert + œuf coque	1 thé vert + 1 salade de fruit ou 1 thé vert + œuf coque
Déjeuner	**Déjeuner**
Gaspacho, poisson, légumes + fromage blanc nature	Blanc de poulet + légumes + fromage blanc nature
Goûter	**Goûter**
1 pomme + 1 poignée amandes ou noisettes	Fruits secs + 1 ou 2 verres de jus de carotte
Dîner	**Dîner**
Soupe de légumes sans féculent + fromage blanc	Soupe de légumes sans féculent + fromage blanc

Monodiète

La monodiète est également une méthode intéressante quand on souhaite faire une pause alimentaire. Il s'agit alors de consommer uniquement le même aliment toute la journée ou à un repas et de boire abondamment. La digestion est alors grandement simplifiée[106].

Le rythme de la monodiète peut être adapté selon l'emploi du temps, au choix :

- 1 jour par semaine ;
- À chaque repas du soir sur une semaine ;
- 2 ou 3 jours de suite aux changements de saison.

Les aliments choisis sont en général faciles à digérer, par exemple :

- Pomme ou raisin en automne ;
- Soupe de légumes (sans féculent) ou compote chaude (sans sucre ajouté) en hiver ;
- Légumes frais au printemps ;
- Fruits frais en été.

Tout comme dans le cas de la diète allégée, la monodiète peut s'accompagner d'effets indésirables. Sachez toutefois que ceux-ci révèlent avant tout les capacités de votre corps à effectuer le nettoyage nécessaire quand l'occasion lui en est donnée. Si vous pouvez gérer ces désagréments, le nettoyage n'en sera que plus efficace. Dans le cas contraire, ces effets s'estompent rapidement en stoppant la diète.

Cure de jus de légumes

La cure de jus de légumes est un formidable moyen de nettoyer ses intestins[107]. Elle est réalisée en complément de la monodiète (idéal) ou dans le cadre d'une alimentation de tous les jours[108]. Il s'agit là de consommer uniquement des jus de légumes maison. Il faudra pour cela un extracteur de jus.
Riche en vitamines et minéraux, basifiante, la cure de jus de légumes est une grosse cure de vitalité. Elle permet de recharger le corps sans effort. Car les jus ne demandent que peu de travail au système digestif. En une vingtaine de minutes, les nutriments sont déjà passés dans le sang.
Sans extracteur, c'est avec des jus lactofermentés que la cure peut être réalisée.

De très petites quantités suffisent, un verre de jus par jour, voire moins selon les légumes choisis, peut être suffisant. Ne pas se forcer et écouter les signaux corporels. Progressivement, les quantités sont augmentées si nécessaire. La consommation d'eau en abondance accompagne cette cure.
Les jus de légumes se consomment de préférence au lever, à jeun le matin. En dehors des cures, dans les cas où ils sont consommés en accompagnement d'une alimentation classique, les prises sont à réaliser entre les repas.
Pour le choix des ingrédients, voici une liste non exhaustive de jus de légumes indiqués pour entretenir l'intestin. Les choisir frais, de saison et d'origine biologique. Ne pas hésiter à les mélanger entre eux.

Ail

Un aliment extraordinaire, aux propriétés multiples. L'ail est entre autres antibactérien, antifongique, antiparasitaire, anticoagulant, modulateur immunitaire, hypotenseur... Il se conserve très bien et, pour bénéficier de ses bienfaits en jus, mieux vaut le consommer juste au moment de sa récolte en juin-juillet.
Pour une cuillère à soupe de jus : 1 tête d'ail fraîche crue.
Attention à son goût très fort ; il peut également être irritant.

Betterave

Très intéressante pour l'entretien du foie, elle contient de la glutamine, un acide aminé indispensable à la santé des cellules de l'intestin.
Pour 100 ml de jus : 200 g de betterave crue.

Carotte

Calmante de la muqueuse de l'estomac et du côlon. Bon stimulant du foie et de la vésicule. Elle est très antioxydante.
Pour 250 ml de jus : 500 g de carottes fraîches et crues.

Fenouil

Évite la formation de gaz intestinaux, antispasmodique. Le fenouil a aussi une action anti-inflammatoire sur l'estomac et le côlon.
Pour 80 ml de jus : 100 g de fenouil.

Pomme de terre

Bien que la pomme de terre soit un féculent et non un légume, elle figure dans cette liste car ses propriétés alcalinisantes sont très intéressantes. Elle sera tout indiquée dans les brûlures d'estomac ou d'intestin.
Pour 80 ml de jus : 100 g de pommes de terre.
Attention, à boire au début du repas.

Radis noir

Stimulera votre appétit si vous en manquez. C'est le roi pour réveiller un foie ou stimuler une vésicule paresseuse.
Pour 30 ml de jus : 30 g de radis noir pelé.
Attention, peut être irritant. À éviter en cas d'inflammation gastrique. À prendre sur une courte période (quelques jours suffisent).
Il est moins intéressant de consommer les fruits en jus car ils sont déjà très digestes. Ils peuvent toutefois venir « couper » certains jus de légumes très forts en goût (à hauteur de 30 %).
Les jus frais à l'extracteur n'ont pas une longue durée de conservation. Ils s'oxydent rapidement. Le mieux est de les consommer au fur et à mesure de leur préparation.
Buvez lentement en mastiquant votre jus !

Jeûne intermittent

Le jeûne intermittent, appelé aussi « jeûne séquentiel », est une pratique devenue très « à la mode » ces dernières années. Et ce n'est sans doute pas un hasard, car les pratiquants en retirent de nombreux bienfaits durables sur leur santé[109] :

- Perte de poids ;
- Amélioration de la santé métabolique ;
- Meilleure qualité du sommeil ;
- Moins besoin de grignoter ;
- Humeur plus positive ;
- Bonne prévention du surpoids ;
- Effets antiâge ;
- Renouvellement cellulaire de qualité.

Le jeûne intermittent consiste à ne rien manger pendant une période d'environ quatorze à seize heures, de manière à laisser au corps un vrai et long temps de régénération, de réparation et de nettoyage quotidien. La particularité ici, c'est qu'il ne s'agit pas forcément de manger moins, mais de procéder à une répartition différente de la nourriture sur la journée. Pas de carence ni de fatigue à craindre dans ce mode alimentaire. Les quantités seront à réguler en fonction des signaux de faim. Il n'est pas rare néanmoins que les jeûneurs perdent quelques kilos.

Concrètement, cela revient à choisir de se passer du repas du soir ou du petit déjeuner selon votre préférence. Par exemple, au choix :

CHOIX 1	CHOIX 2
12 heures – premier repas de la journée 17 heures – collation si besoin 20 heures – dernier repas de la journée	8 heures – premier repas de la journée 12 heures – deuxième repas ou collation 16 heures – dernier repas de la journée

À noter qu'il n'y a pas de restrictions pour les liquides, tels que l'eau et les tisanes, qui restent autorisées.

D'autres variantes qui vous conviendraient mieux peuvent bien sûr être instaurées, à condition de respecter cette période de quatorze à seize heures de repos alimentaire. La version où le repas du soir est gardé « respecte » mieux nos rythmes sociaux.
Évidemment, c'est aussi l'occasion de faire du tri dans nos aliments et de privilégier les meilleurs d'entre eux pour notre santé comme nous l'avons vu précédemment. Quelques réticences « corporelles » pourront toutefois se manifester au tout début, car changer ses habitudes est toujours un challenge, mais ensuite le corps s'y fait très vite.

La flore intestinale

La flore intestinale, aussi appelée « microbiote », est à ce jour considérée comme un nouvel organe par certains chercheurs. Les 100 000 milliards de bactéries qui la constituent sont non seulement présentes au niveau intestinal mais aussi au niveau d'autres muqueuses telles que buccale ou vaginale[110].
Outre son action sur la digestion et l'assimilation des nutriments, cette flore intestinale joue un grand rôle du point de vue de l'immunité :

- Effet barrière sur les germes ;
- Activation des cellules de défense se situant sur la paroi du tube digestif ;
- Action préventive et thérapeutique contre les infections urinaires ou les diarrhées (Lactobacillus) ;
- Développement du système immunitaire des enfants et maintien de celui des personnes âgées ;

- Restauration de la flore après altération suite à des traitements agressifs (antibiotiques, chimiothérapie…).

Nous l'avons vu précédemment, cette flore est nourrie et entretenue tout d'abord *via* notre alimentation :

- Les fibres de notre alimentation ont une action « prébiotique », c'est-à-dire qu'elles apportent les nutriments nécessaires pour le maintien et l'entretien de la flore ;
- Les aliments fermentés (levain, levure de bière revivifiable, choucroute crue, kéfir, miso, jus et légumes lactofermentés…), quant à eux, sont dits « probiotiques », car ils apportent directement des bactéries protectrices de la flore.

Néanmoins, si cela ne suffit pas, il est possible d'ajouter des probiotiques complémentaires, qui sont composés de ferments lactiques (lactobacilles et bifidobactéries). Ce sont des organismes vivants qui rentrent en interaction avec la flore intestinale dans le but de la renforcer. Ces bactéries sont toutefois assez fragiles. Voici donc quelques règles pour s'assurer que ce sont bien des bactéries *vivantes* qui arriveront dans vos intestins :

- Choisir des probiotiques contenant une population bactérienne élevée : au minimum 2 milliards de bactéries ; 8 milliards sont préférables et garantissent une efficacité élevée lorsque votre flore intestinale est profondément déséquilibrée ;
- À l'intérieur du système digestif, les bactéries vont subir des inhibitions, pH gastrique, sécrétion biliaire…, qui vont détruire les plus faibles d'entre elles : préférer la forme gélule, ainsi les bactéries seront délivrées au bon endroit (intestin) ; il existe des formules avec

gélules gastrorésistantes, les bactéries sont alors libérées lorsque le contenu de la gélule passe dans l'intestin ;

- Les avaler plutôt à jeun le matin et à distance du petit déjeuner, car à ce moment-là le pH de l'estomac est proche de la neutralité ;
- Pour un maximum d'efficacité, choisir des formules proposant des prises quotidiennes.

Les prises s'échelonnent de trois semaines à trois mois selon les besoins. Pour la conservation, certaines formulations, aujourd'hui, ne nécessitent plus d'être placées au réfrigérateur (se référer aux instructions du fabricant). Certains de ces compléments sont composés à la fois de prébiotiques et de probiotiques, ils sont dits « symbiotiques ». L'intérêt des prébiotiques en complément est toutefois relatif. Ils ne seront intéressants que dans le cas où le ménage a déjà été fait dans l'alimentation (avec réintroduction des fibres notamment) et où le retour à la normale semble se faire attendre.

Vous l'avez compris, plus la flore est en bonne santé, plus nous le sommes aussi !

Réduire son stress

Impossible d'aborder le sujet de la digestion sans se préoccuper du stress, tant ce dernier l'influence de manière considérable. **Réduire son stress est une priorité si on souffre de troubles digestifs !** Dans ce domaine, il y a bien sûr des facteurs sur lesquels nous avons peu d'influence, mais il y a tout de même quelques points clés sur lesquels nous pouvons agir. Voici une liste non exhaustive de ce qui est déjà à notre portée :

- Apprendre à gérer son temps : s'accorder un temps de réflexion et envisager concrètement les modifications nécessaires en matière d'organisation de son temps ;
- Anticiper pour ne pas se retrouver débordé ;
- Être conscient du temps à sa disposition et savoir (apprendre à) dire non si nécessaire ou déléguer ;
- S'accorder de vraies pauses.

Adopter une pratique physique

Sucre blanc, attention danger !

Attention au sucre blanc en excès, il modifie et perturbe la flore intestinale en acidifiant son pH. Par cette action, il favorise certaines souches de bactéries au détriment d'autres. Une prolifération bactérienne de fermentation s'ensuit. Elle se manifeste par des inconforts digestifs parfois difficiles à régler.

Changer votre rythme de vie peut souvent vous permettre de prendre du recul, d'agir directement sur les hormones du stress en les diminuant. L'activité physique permet alors de resynchroniser le cerveau, de participer à maintenir un sommeil de qualité (grand garant de la diminution du stress). Au moins trente minutes de marche chaque jour peuvent vous apporter tous ces bénéfices.

S'offrir des séances de techniques manuelles (massages, réflexologie...) :

- Apporte une grande détente, un recentrage sur soi et ses besoins ;
- Agit positivement sur les organes de nettoyage : foie, reins...
- Relance le métabolisme ;
- Aide à la gestion des émotions.

Accroître facilement son activité physique

- Se garer plus loin que d'habitude ;
- Marcher dès que possible ;
- Préférer les escaliers aux ascenseurs ;
- Prendre le vélo, en remplacement de la voiture, quand les distances le permettent...

Les plantes indiquées

Ici aussi, nous pouvons faire appel aux plantes. Vous trouverez ci-dessous deux plantes déjà citées précédemment et qui agissent aussi bien au niveau digestif que nerveux.

Mélisse (*Melissa officinalis*)

Plante très calmante, idéale chez les anxieux stressés.

En infusion : dans une tasse, verser 200 ml d'eau bouillante sur 1 cuillère à soupe de plantes séchées et laisser infuser 10 minutes en couvrant la tasse. Filtrer et boire 2 à 3 fois par jour entre les repas.

En teinture mère : 25 gouttes dans un peu d'eau, 3 fois par jour au repas pendant 21 jours.

Camomille allemande (*Matricaria chamomilla*)

Ne pas confondre avec sa cousine la camomille romaine (*Chamaemelum nobile*). Très calmante, elle s'avère utile en cas de ballonnements ou de spasmes (crampes). Elle est très indiquée dans la colopathie fonctionnelle.

En infusion : dans une tasse, verser 100 ml d'eau bouillante sur 1 cuillère à soupe de fleurs de camomille et laisser infuser 10 minutes en couvrant la tasse. Filtrer et boire 3 à 6 fois par jour à distance des repas.

Conclusion

Nous arrivons au terme de cet ouvrage qui, je le souhaite, vous permettra d'y voir plus clair quant à votre alimentation et de comprendre ce qui convient le mieux à votre profil.

Des protéines aux lipides en passant par les fibres, vous êtes désormais familiarisé avec les différentes catégories d'aliments. Vous connaissez votre constitution et vous avez les clés pour la mise en place d'un mode alimentaire varié, simple et sain. Vous saurez entretenir votre système digestif et éviter les erreurs alimentaires courantes. N'oubliez pas que votre corps est votre principal conseiller et qu'il sait exactement ce dont il a besoin.

Ne soyez pas surpris d'éprouver quelques difficultés à changer vos habitudes. Nous fonctionnons souvent de façon routinière, ce qui nous permet de gagner du temps et de ne pas avoir trop à réfléchir. Par conséquent, quelques semaines de répétition vous seront probablement nécessaires pour ancrer vos nouvelles résolutions. En suivant la méthode « pas à pas » du guide, il vous sera plus facile de sentir la progression dans votre démarche. Surtout ne vous découragez pas !

Transformer notre alimentation, c'est aussi faire de nouvelles découvertes, mais pas seulement culinaires. C'est évoluer sur nos croyances et nous rendre compte que nous pouvons modifier ce que nous pensions immuable. C'est aussi découvrir de nouveaux horizons et de nouvelles façons de faire. C'est une invitation à reprendre la main sur notre santé et à agir en tant qu'acteur responsable de celle-ci, et plus largement de notre environnement.

La santé est toujours une combinaison de facteurs, dont l'alimentation fait partie. Il suffit souvent de peu de changements pour un retour à l'équilibre.

**Suivez le guide, appliquez, oubliez, recommencez…
C'est à vous !**

Annexes

Annexe n° 1
Faire germer ses graines, mode d'emploi pour commencer

L'idéal est de démarrer avec des graines qui germent facilement : luzerne, haricot mungo ou radis.
Laver les graines à grande eau. Les mettre à tremper dans une eau tempérée, peu minéralisée, à raison de quatre fois leur volume d'eau. Le trempage dure de deux à douze heures en moyenne, selon la taille des graines, et jusqu'à vingt-quatre heures pour le haricot mungo ou quarante-huit heures pour le pois chiche par exemple.
Contrairement aux étapes suivantes, celle-ci se déroule plutôt dans le noir ou la pénombre. Les graines vont gonfler et la germination commence. Quand le trempage dure plus de douze heures, l'eau est changée chaque jour.

Avec germoir

Après trempage, les graines sont égouttées et déposées dans le germoir, sans le surcharger : laisser de l'espace entre les graines. Le germoir est placé dans un lieu aéré et tempéré. La lumière et la chaleur (18 °C à 22 °C) sont primordiales pour la germination. Les graines sont rincées deux fois par jour ; au bout de quelques jours (à partir de 1 centimètre de pousse), consommez !

Sans germoir

Utiliser un bocal en verre préalablement stérilisé à l'eau bouillante : y mettre les graines égouttées, après trempage. Recouvrir l'ouverture du bocal d'un tissu type gaze et l'attacher avec un élastique. Le poser ensuite à l'envers sur un support aéré (type égouttoir). Les graines sont rincées deux fois par jour au travers de la gaze ; au bout de quelques jours (à partir de 1 centimètre de tige), consommez !

La germination dure entre deux à six jours selon le type de graines.

Choix et conservation

Les graines de qualité biologique sont privilégiées. Elles ne doivent pas être grillées. Il n'est pas nécessaire de les choisir dans des emballages sur lesquels il est inscrit « à germer », celles en vrac feront très bien l'affaire.
Les graines sèches se conservent plusieurs années au frais et au sec. Les graines germées, quant à elles, peuvent être gardées quelques jours au réfrigérateur. Dans l'idéal, préparer plutôt de petites quantités et les consommer sans tarder.

Précautions

Observez bien vos graines en germination. Aucune moisissure ne doit se développer. La tige doit rester bien blanche. Utilisez votre nez ! Au moindre doute sur leur fraîcheur, jetez-les !

Consommation

Disponibles après plusieurs jours de germination, ce sont des aliments « vivants ». Elles se savourent crues sous peine de perdre toutes les qualités nutritives. Sucrées, anisées, épicées ou piquantes, la variété de leurs saveurs vous surprendra. Par petite touche, les graines germées accompagnent agréablement les salades, les soupes ou les plats.
Toutefois, si l'expérience de la germination ne vous tente pas, pas de panique, les graines germées se trouvent facilement au rayon frais des magasins d'alimentation.

Annexe n° 2
Bien choisir son pollen

Aubépine, châtaignier, saule, ciste, pavot, cerisier, pommier… Quelle que soit son origine, le pollen est de toute façon un fortifiant. Néanmoins, en fonction des fleurs sélectionnées, des caractéristiques spécifiques se distinguent. Voici donc une liste, non exhaustive, de pollens pour renforcer certaines fonctions du corps ou favoriser la résolution de certains maux[111] :

Anémie : pollen de fleurs d'aubépine ;

Baisse de moral, fatigue, stress, anxiété, troubles de l'humeur : pollen de fleurs de châtaignier, pollen de fleurs de pavot ;

Calcium (fixation du) chez la femme ménopausée : pollen de fleurs de bruyère ;

Circulation sanguine (système cardiovasculaire) : pollen de fleurs de ciste ;

Convalescence (stimulation) : pollen de fleurs de pommier, pollen de fleurs d'aubépine, pollen de fleurs de saule ;

Équilibre acido-basique : pollen de fleurs de bruyère ;

Équilibre nerveux : pollen de fleurs de pavot ;

Fatigue physique et intellectuelle (augmentation de la résistance à la) : pollen de fleurs de ciste ;

Grossesse : pollen de fleurs de saule, pollen de fleurs de pommier, pollen de fleurs de cerisier (1er trimestre : richesse en B9) ;

Immunité (renforcement) : pollen de fleurs de saule, pollen de fleurs de pommier, pollen de fleurs de ciste ;

Intestin (équilibre et renforcement de la flore intestinale) : pollen de fleurs de ciste ;

Mémorisation (favorise l'apprentissage) : pollen de fleurs de bruyère ;

Peau ; état des phanères (ongle, peau, cheveux) : pollen de fleurs de cerisier ;

Protéines (carence en) : pollen de fleurs d'aubépine, pollen de fleurs de pavot ;

Sportifs (récupération) : pollen de fleurs de châtaignier, pollen de fleurs d'aubépine, pollen de fleurs de ciste ;

Tension artérielle : pollen de fleurs d'aubépine ;

Vessie (nettoyage de l'appareil urinaire) : pollen de fleurs de bruyère ;

Vieillissement (antioxydant) : pollen de fleurs de châtaignier, pollen de fleurs de saule ;

Vue (troubles de la, troubles liés au vieillissement – notamment DMLA) : pollen de fleurs de saule.

Notes

1. Robert Masson, *La Révolution diététique par l'eutynotrophie*, Albin Michel, 1986.
2. G. et B. Delluc, « Comment mangeaient les hommes préhistoriques ? Alimentation et nutrition » (https://www.hominides.com/html/dossiers/alimentation-prehistoire-nutrition-prehistorique.php).
3. M. Sahlins, *Âge de pierre, âge d'abondance. L'économie des sociétés primitives*, trad. de l'anglais (États-Unis) par T. Jolas, préface de P. Clastres, Gallimard, coll. « Folio histoire », 2017 [première parution *Stone Age Economics*, 1976].
4. Organisation mondiale de la santé, « Les 10 principales causes de mortalité », décembre 2020 (https://www.who.int/fr/news-room/fact-sheets/detail/the-top-10-causes-of-death).
5. Santé Publique France, « Chapitre corpulence : stabilisation du surpoids et de l'obésité chez l'enfant et l'adulte », étude ESTEBAN 2014-2016 (https://www.santepubliquefrance.fr/les-actualites/2017/etude-esteban-2014-2016-chapitre-corpulence-stabilisation-du-surpoids-et-de-l-obesite-chez-l-enfant-et-l-adulte).
6. A. Ströhle, M. Wolters, A. Hahn, « *Die Ernährung des Menschen im evolutionsmedizinischen Kontext* » [« *Human Nutrition in the Context of evolutionary Medicine* »], *Wien Klin Wochenschr*, n° 121, 2009, p. 173-187 (doi : 10.1007/s00508-009-1139-1 ; PMID : 19412746).
7. S. H. Nguyen, *Manuel d'anatomie et de physiologie*, Lamarre, 1999.
8. Le Larousse en ligne (https://www.larousse.fr/dictionnaires/francais/enzyme/30183).
9. B. Rachman, « *Unique features and application of non-animal derived enzymes* », *Clinical Nutrition Insight*, n° 10, 1997.
10. L. Alessandrini, S. Romani, P. Rocculi, I. Sjöholm, M. Dalla Rosa, « *Effect of steam cooking on the residual enzymatic activity of potatoes cv.* Agria », *J Sci Food Agric*, n° 12, 2011, p. 2140-2145 (doi : 10.1002/jsfa.4430 ; PMID : 21656773).

Pr A. Raisonnier, Enzymologie élémentaire, faculté de médecine Pierre-et-Marie-Curie, 2002-2003 (http://www.chups.jussieu.fr/polys/biochimie/EEbioch/index.html).
X. Y. Wang, F. G. Meng, H. M. Zhou, « *Unfolding and inactivation during thermal denaturation of an enzyme that exhibits phytase and acid phosphatase activities* », *Int J Biochem Cell Biol*, n° 3, 2004, p. 447-459 (doi : 10.1016/j.biocel.2003.07.001 ; PMID : 14687923).
E. Howell, *Enzyme Nutrition. The food enzyme concept*, Aver Publishing Group, 1985.

11. Dr Jean Seignalet, *L'Alimentation ou la troisième médecine*, François-Xavier de Guibert, 2004 (5e éd. refondue et augmentée).
12. Cours-Médecine, « Partie 2 : La sécrétion salivaire » (https://www.cours-medecine.info/medecine/physiologie/secretion-salivaire.html).
13. Cours-Médecine, « Les enzymes dans le suc gastrique » (https://www.coursmedecine.info/medecine/physiologie/estomac.html).
14. H. F. Helander, L. Fändriks, « *Surface area of the digestive tract - revisited* », *Scand J Gastroenterol*, n° 6, 2014, p. 681-689 (doi : 10.3109/00365521.2014.898326 ; PMID : 24694282).
15. Cours-Médecine, « Le pancréas » (https://www.cours-medecine.info/medecine/physiologie/pancreas.html).
16. Cours-Médecine, « Le tube digestif » (https://www.cours-medecine.info/medecine/anatomie/tube-digestif.html).
17. Le Robert en ligne (https://dictionnaire.lerobert.com/definition/proteine).
18. M. Černá, « *Seaweed proteins and amino acids as nutraceuticals* », *Adv Food Nutr Res*, n° 64, 2011, p. 297-312 (doi : 10.1016/B978-0-12-387669-0.00024-7 ; PMID : 22054957).
19. D. J. Millward, D. K. Layman, D. Tomé, G. Schaafsma, « *Protein quality assessment: impact of expanding understanding of protein and amino acid needs for optimal health* », *Am J Clin* Nutr, n° 5, 2008, p. 1576S-1581S (doi : 10.1093/ajcn/87.5.1576S ; PMID : 18469291).
20. S. H. M. Gorissen, O. C. Witard, « *Characterising the muscle anabolic potential of dairy, meat and plant-based protein sources in older adults* », *Proc Nutr Soc*, n° 1, 2018, p. 20-31 (doi : 10.1017/S002966511700194X ; PMID : 28847314).

S. van Vliet, N. A. Burd, L. J. van Loon, « *The skeletal muscle anabolic response to plant- versus animal-based protein consumption* », *J Nutr*, n° 9, 2015, p. 1981-1991 (doi : 10.3945/jn.114.204305 ; PMID : 26224750).

21. M. T. Lim, B. J. Pan, D. W. K. Toh, C. N. Sutanto, J. E. Kim, « *Animal protein versus plant protein in supporting lean mass and muscle strength: A systematic review and meta-analysis of randomized controlled trials* », *Nutrients*, n° 2, 2021, p. 661 (doi : 10.3390/nu13020661 ; PMID : 33670701).
22. M. Salomé, E. de Gavelle, A. Dufour, C. Dubuisson, J.-L. Volatier, H. Fouillet, J.-F. Huneau, F. Mariotti, « *Plant-Protein diversity is critical to ensuring the nutritional adequacy of diets when replacing animal with plant protein: Observed and modeled diets of french adults (INCA3)* », *The Journal of Nutrition*, n° 3, 2020, p. 536-545 (https://doi.org/10.1093/jn/nxz252).
23. M. Dinu, R. Abbate, G. F. Gensini, A. Casini, F. Sofi, « *Vegetarian, vegan diets and multiple health outcomes: A systematic review with meta-analysis of observational studies* », *Crit Rev Food Sci Nutr*, n° 17, 2017, p. 3640-3649 (doi : 10.1080/10408398.2016.1138447 ; PMID : 26853923).
24. D. Tomé, « Besoins en protéines et en acides aminés & qualité des protéines alimentaires », *Cholé-doc*, n° 111, 2009 (https://sbssa.enseigne.ac-lyon.fr/spip/IMG/pdf/chole_doc_2009_-_besoin_en_prot_et_aa_et_qualite_des_prot.pdf).
25. K. M. Cunningham, N. W. Read, « *The effect of incorporating fat into different components of a meal on gastric emptying and postprandial blood glucose and insulin responses* », *Br J Nutr*, n° 2, 1989, p. 285-290 (doi : 10.1079/bjn19890116 ; PMID : 2650735).

    C. Bourgeois, *La Neuromodulation gastrique dans la prise en charge de la gastroparésie diabétique réfractaire au traitement médical*, thèse de médecine spécialisée, 2009 (http://docnum.univlorraine.fr/public/SCDMED_T_2009_BOURGEOIS_CAROLINE.pdf).
26. Le Larousse en ligne, « Glucide » (https://www.larousse.fr/dictionnaires/francais/glucide/37248).
27. J. C. Brand-Miller, K. Stockmann, F. Atkinson, P. Petocz, G. Denyer, « *Glycemic index, postprandial glycemia, and the shape of the curve in healthy subjects: analysis of a database of more than 1 000 foods* », *Am J Clin Nutr*, n° 1, 2009, p. 97-105 (doi : 10.3945/ajcn.2008.26354 ; PMID : 19056599).

28. Le Larousse en ligne (https://www.larousse.fr/dictionnaires/francais/lipide/47312).
29. ANSES, « Les acides gras trans », mai 2016 (https://www.anses.fr/fr/content/les-acides-gras-trans).
30. Santé Canada, « L'interdiction des huiles partiellement hydrogénées réduira le risque de maladie du cœur », septembre 2018 (https://www.canada.ca/fr/sante-canada/nouvelles/2018/09/entree-en-vigueur-aujourdhui-de-linterdiction-visant-les-gras-trans-au-canada.html).
31. OMS, K. Chriscaden, E. Sykes, C. Honeysett, « Plus de 3 milliards de personnes protégées contre les acides gras trans nocifs dans leur alimentation », septembre 2020 (https://www.who.int/fr/news/item/09-09-2020-more-than-3-billion-people-protected-from-harmful-trans-fat-in-their-food).
32. Larousse médical, « Fibre alimentaire » (https://www.larousse.fr/encyclopedie/medical/fibre_alimentaire/13100).
33. J. A. Marlett, M. I. McBurney, J. L. Slavin, « *Position of the American Dietetic Association: Health implications of dietary fiber* », *Journal of the American Dietetic Association*, n° 7, 2002, p. 993-100 (https://doi.org/10.1016/S0002-8223(02)90228-2).
34. A. el-Kaoutari, F. Armougom, D. Raoult, B. Henrissat, « Le microbiote intestinal et la digestion des polysaccharides » [« *Gut microbiota and digestion of polysaccharides* »], *Med Sci*, n° 3, 2014, p. 259-265 (doi : 10.1051/medsci/20143003013 ; PMID : 24685216).
35. Larousse médical, « Vitamine » (https://www.larousse.fr/encyclopedie/divers/vitamine/101953).
36. R. D. Semba, « *The discovery of the vitamins* », *Int J Vitam Nutr Res*, n° 5, 2012, p. 310-315 (doi : 10.1024/0300-9831/a000124 ; PMID : 23798048).
37. National Research Council (US) Committee on Diet and Health, chap. 11 : « *Fat-Soluble Vitamins* », *Diet and Health: Implications for Reducing Chronic Disease Risk*, Washington (DC), National Academies Press, 1989 (https://www.ncbi.nlm.nih.gov/books/NBK218749/).
38. E. J. Johnson, E. S. Mohn, « *Fat-soluble vitamins* », *World Rev Nutr Diet*, n° 111, 2015, p. 38-44 (doi : 10.1159/000362295 ; PMID : 25418387).
39. ANSES, « Vitamine A & caroténoïdes provitaminiques », mars 2019 (https://www.anses.fr/fr/content/vitamine-caroténoïdes-provitaminiques).

40. National Research Council (US) Committee on Diet and Health, *op. cit.* (https://www.ncbi.nlm.nih.gov/books/NBK218749/).

41. National Institut of Health, « *Vitamin A* », février 2020 (https://ods.od.nih.gov/factsheets/VitaminA-HealthProfessional/).

42. T. Wang, G. Bengtsson, I. Kärnefelt, L. O. Björn, « *Provitamins and vitamins D_2 and D_3 in Cladina spp. over a latitudinal gradient: possible correlation with UV levels* », *Journal of Photochemistry and photobiology B: Biology*, n° 1-2, 2001, p. 118-122 (doi : 10.1016/s1011-1344(01)00160-9).

43. F. Sassi, C. Tamone, P. d'Amelio, « *Vitamin D: nutrient, hormone, and immunomodulator* », *Nutrients*, n° 11, 2018, p. 1656 (doi : 10.3390/nu10111656 ; PMID : 30400332).

44. X. Deplanque, A. Wullens, L. Norberciak, « Prévalence et facteurs de risque de l'insuffisance en vitamine D chez l'adulte sain entre 18 et 65 ans dans le nord de la France » [« *Prevalence and risk factors of vitamin D deficiency in healthy adults aged 18-65 years in northern France* »], *Rev Med Interne*, n° 6, 2017, p. 368-373 (doi : 10.1016/j.revmed.2016.12.013 ; PMID : 28161111).

45. M. Zareie, A. Abbasi, S. Faghih, « *Thermal stability and kinetic study on thermal degradation of vitamin D3 in fortified canola oil* », *J Food Sci*, n° 9, 2019, p. 2475-2481 (doi : 10.1111/1750-3841.14764 ; PMID : 31441511).

46. E. Herrera, C. Barbas, « *Vitamin E: action, metabolism and perspectives* », *J Physiol Biochem*, n° 2, 2001, p. 43-56 (PMID : 11579997).

47. F. Galli, A. Azzi, M. Birringer, J. M. Cook-Mills, M. Eggersdorfer, J. Frank, G. Cruciani, S. Lorkowski, N. K. Özer, « *Vitamin E: Emerging aspects and new directions* », *Free Radic Biol Med*, n° 102, 2017, p. 16-36 (doi : 10.1016/j.freeradbiomed.2016.09.017 ; PMID : 27816611).

48. Institute of Medicine (US), Panel on Dietary Antioxidants and Related Compounds, chap. 6 : « *Vitamin E* », *Dietary Reference Intakes for Vitamin C, Vitamin E, Selenium, and Carotenoids*, Washington (DC), National Academies Press, 2000 (https://www.ncbi.nlm.nih.gov/books/NBK225461/).

49. T. Souccar et J.-P. Curtay, *Le Nouveau Guide des vitamines*, Seuil, 1996.

50. J. J. DiNicolantonio, J. Bhutani, J. H. O'Keefe, « *The health benefits of vitamin K* », *Open Heart*, n° 1, 2015 (doi : 10.1136/openhrt-2015-000300 ; PMID : 26468402).

51. T. Souccar et J.-P. Curtay, *Le Nouveau Guide des vitamines*, éd. cit.

52. K. Mikkelsen, L. Stojanovska, V. Apostolopoulos, « *The Effects of Vitamin B in Depression* », *Curr Med Chem*, n° 38, 2016, p. 4317-4337 (doi : 10.2174/0929867323666160920110810 ; PMID : 27655070).
53. C. K. Singleton, P. R. Martin, « *Molecular mechanisms of thiamine utilization* », *Curr Mol Med*, n° 2, 2001, p. 197-207 (doi : 10.2174/1566524013363870 ; PMID : 11899071).
54. D. Quilliot, N. Michot, L. Brunaud, A. Malgras, « Déficit en vitamine B1 : comment prévenir et traiter », *Nutrition clinique et métabolisme*, n° 3, 2017, p. 176-180 (https://www.sciencedirect.com/science/article/pii/S0985056217300882).
55. H. J. Powers, « *Riboflavin (vitamin B2) and health* », *Am J Clin Nutr*, n° 6, 2003, p. 1352-1360 (doi : 10.1093/ajcn/77.6.1352 ; PMID : 12791609).
56. T. Souccar et J.-P. Curtay, *Le Nouveau Guide des vitamines*, éd. cit.
57. J. B. Kirkland, M. L. Meyer-Ficca, « *Niacin* », *Adv Food Nutr Res*, n° 83, 2018, p. 83-149 (doi : 10.1016/bs.afnr.2017.11.003 ; PMID : 29477227).
58. V. H. Cheldelin, A. M. Woods, R. J Williams, « *Losses of B vitamins due to cooking of foods* », *The Journal of Nutrition*, n° 5, 1943, p. 477-485 (https://doi.org/10.1093/jn/26.5.477).
59. S. Kumar, B. Aalbersberg, « *Nutrient retention in foods after earth-oven cooking compared to other forms of domestic cooking: 2. Vitamins* », Journal of Food Composition and Analysis, n° 19, 2006, p. 311-320.
60. E. Lešková, J. Kubíková, E. Kováčiková, M. Košická, J. Porubská, K. Holčíková, « *Vitamin losses: Retention during heat treatment and continual changes expressed by mathematical models* », Journal of Food Composition and Analysis, n° 4, 2006, p. 252-276 (https://doi.org/10.1016/j.jfca.2005.04.014).
61. R. J. McMahon, « *Biotin in metabolism and molecular biology* », *Annu Rev Nutr*, n° 22, 2002, p. 221-239 (doi : 10.1146/annurev.nutr.22.121101.112819 ; PMID : 12055344).
62. R. Rodríguez Meléndez, « *Importancia del metabolismo de la biotina* » [« Importance of biotin metabolism »], *Rev Invest Clin*, n° 2, 2000, p. 194-199 (PMID : 10846444).
63. ANSES, « Vitamine B9 ou acide folique », mars 2019 (https://www.anses.fr/fr/content/vitamine-b9-ou-acide-folique).
64. F. Watanabe, T. Bito, « *Vitamin B12 sources and microbial interaction* », *Exp Biol Med* (Maywood), n° 2, 2018, p. 148-158 (doi : 10.1177/1535370217746612 ; PMID : 29216732).

65. C. R. Kapadia, « *Vitamin B12 in health and disease: part I- inherited disorders of function, absorption, and transport* », *Gastroenterologist*, n° 4, 1995, p. 329-344 (PMID : 8775094).

66. F. Watanabe, S. Takenaka, H. Kittaka-Katsura, S. Ebara, E. Miyamoto, « *Characterization and bioavailability of vitamin B12-compounds from edible algae* », *J Nutr Sci Vitaminol* (Tokyo), n° 5, 2002, p. 325-331 (doi : 10.3177/jnsv.48.325 ; PMID : 12656203).

67. T. Bito, F. Teng, F. Watanabe, « *Bioactive compounds of edible purple laver* Porphyra *sp. (Nori)* », *J Agric Food Chem*, n° 49, 2017, p. 10685-10692 (doi : 10.1021/acs.jafc.7b04688 ; PMID : 29161815).

F. Watanabe, Y. Yabuta, T. Bito, F. Teng, « *Vitamin B12-containing plant food sources for vegetarians* », *Nutrients*, n° 5, 2014, p. 1861-1873 (doi : 10.3390/nu6051861 ; PMID : 24803097).

J. Ullmann, « *Algen als natürliche vitamine B12-quelle* », *Aus dem Paracelsus Magazin*, 2015 (https://www.paracelsus.de/magazin/ausgabe/201503/algen-als-natuerliche-vitamin-b12-quelle).

68. ANSES, « Vitamine C ou acide ascorbique », mars 2019 (https://www.anses.fr/fr/content/vitamine-c-ou-acide-ascorbique).

69. N. Shenoy, E. Creagan, T. Witzig, M. Levine, « *Ascorbic acid in cancer treatment: Let the Phoenix fly* », *Cancer Cell*, n° 5, 2018, p. 700-706 (doi : 10.1016/j.ccell.2018.07.014 ; PMID : 30174242).

70. M. Granger, P. Eck, « *Dietary vitamin C in human health* », *Adv Food Nutr Res*, n° 83, 2018, p. 281-310 (doi : 10.1016/bs.afnr.2017.11.006 ; PMID : 29477224).

71. T. Souccar et J.-P. Curtay, *Le Nouveau Guide des vitamines*, éd. cit.

72. V. Agte, K. Tarwadi, S. Mengale, A. Hinge, S. Chiplonkar, « *Vitamin profile of cooked foods: how healthy is the practice of ready-to-eat foods ?* », *Int J Food Sci Nutr*, n° 3, 2002, p. 197-208 (doi : 10.1080/09637480220132814 ; PMID : 11951583).

B. Rachman, « *Unique features and application of non-animal derived* enzymes », art. cit.

73. C. E. O'Neil, T. A. Nicklas, M. Zanovec, S. Cho, « *Whole-grain consumption is associated with diet quality and nutrient intake in adults: the National Health and Nutrition Examination Survey, 1999-2004* », *J Am Diet Assoc*, n° 10, 2010, p. 1461-1468 (doi : 10.1016/j.jada.2010.07.012 ; PMID : 20869484).

74. A.-T. McGill, « *The sugar debate and nutrition: Obesity and "empty calories"* », *The New Zealand Medical Journal*, n° 127, 2014, p. 6-11.

75. M. Doutreligne, « Poulet bio : tout savoir de l'élevage à l'abattage », 2016 (https://www.bioalaune.com/fr/actualite-bio/32611/poulet-bio-tout-savoir-de-lelevage-labattage).

76. C. Hyland, A. Bradman, R. Gerona, S. Patton, I. Zakharevich, R. B. Gunier, K. Klein, « *Organic diet intervention significantly reduces urinary pesticide levels in US children and adults* », *Environmental Research*, n° 171, 2019, p. 568-575, (https://doi.org/10.1016/j.envres.2019.01.024).

77. K. Dewettinck, K. Anthierens, D. Verbeken, J. Van Camp, A. Huyghebaert, « Statut nutritionnel des légumes prêts à l'emploi », *Médecine et Nutrition*, n° 1, 2007, p. 9-26.

78. V. Santé-Lhoutellier, T. Astruc, J.-D. Daudin, A. Kondjoyan, V. Scislowski, C. Gaudichon, D. Rémond, « Influence des modes de cuisson sur la digestion des protéines : approches *in vitro* et *in vivo* », *Innovations agronomiques*, n° 33, 2013, p. 69-79 (https://www6.inrae.fr/ciag/content/download/5204/40686/file/Vol33-6-Santé-Lhoutellier.pdf).

79. J. Uribarri, S. Woodruff, S. Goodman, W. Cai, X. Chen, R. Pyzik, A. Yong, G. E. Striker, H. Vlassara, « *Advanced glycation end products in foods and a practical guide to their reduction in the diet* », *J Am Diet Assoc*, n° 6, 2010, p. 911-916 (doi : 10.1016/j.jada.2010.03.018 ; PMID : 20497781).

80. E. Lešková, J. Kubíková, E. Kováčiková, M. Košická, J. Porubská, K. Holčíková, « *Vitamin losses: Retention during heat treatment and continual changes expressed by mathematical models* », *Journal of Food Composition and Analysis*, n° 4, 2006, p. 252-276 (https://doi.org/10.1016/j.jfca.2005.04.014).

81. M. Palermo, N. Pellegrini, V. Fogliano, « *The effect of cooking on the phytochemical content of vegetables* », *J Sci Food Agric*, n° 6, 2014, p. 1057-1070 (doi : 10.1002/jsfa.6478 ; PMID : 24227349).

82. K. Wang, X. Lin, W. Zhao, X. Fan, W. Yu, Z. Ma, C. Yu, X. Dong, « *Low-temperature steaming improves eating quality of whitefish* », *J Texture Stud*, n° 5, 2020, p. 830-840 (doi: 10.1111/jtxs.12540 ; PMID : 32506528).

83. M. Dolinsky, C. Agostinho, D. Ribeiro, G. Rocha, S. Barroso, D. Ferreira, R. Polinati, G. Ciarelli, El. Fialho, « *Effect of different cooking methods on the polyphenol concentration and antioxidant capacity of selected vegetables* », *Journal of Culinary Science & Technology*, n° 14, 2016, p. 1-12 (doi : 10.1080/15428052.2015.1058203).

84. Dossier scientifique de l'IFN, *Les Protéines*, tome 2 : *Caractéristiques des différentes sources de protéines alimentaires*, n° 9 bis, 1997 (https://alimentation-sante.org/wp-content/uploads/2011/07/dossier-scient-9bis.pdf).

85. E. Jéquier, F. Constant, « *Water as an essential nutrient: the physiological basis of hydration* », *Eur J Clin Nutr*, n° 2, 2010, p. 115-123 (doi : 10.1038/ejcn.2009.111 ; PMID : 19724292).
M. N. Sawka, S. N. Cheuvront, R. Carter 3rd, « *Human water needs* », *Nutr Rev*, n° 6, 2005 , p. 30-99 (doi : 10.1111/j.1753-4887.2005.tb00152.x ; PMID : 16028570).

86. P. Putnik, Ž. Kresoja, T. Bosiljkov, A. Režek Jambrak, F. J. Barba, J. M. Lorenzo, S. Roohinejad, D. Granato, I. Žuntar, D. Bursać Kovačević, « *Comparing the effects of thermal and non-thermal technologies on pomegranate juice quality: A review* », *Food Chem*, n° 279, 2019, p. 150-161 (doi : 10.1016/j.foodchem.2018.11.131 ; PMID : 30611474).

87. Greenpeace, « Le calendrier des fruits et légumes de saison » (https://www.greenpeace.fr/guetteur/calendrier/).

88. F. Guillain, *La Méthode : bain dérivatif, alimentation, soleil, argile*, Jouvence, 2015.

89. Attention : les graines de lin sont déconseillées aux personnes qui souffrent de diverticules.

90. C. Magdelaine, « Pesticides : liste des fruits et légumes les plus contaminés », Notre-planete.info, avril 2020 (https://www.notre-planete.info/actualites/4613-liste-fruits-legumes-pesticides).

91. K. Platel, K. Srinivasan, « *Bioavailability of micronutrients from plant foods: An update* », *Crit Rev Food Sci Nutr*, n° 10, 2016, p. 1608-1619 (doi: 10.1080/10408398.2013.781011 ; PMID : 25748063).

92. A. K. Singh, J. Rehal, A. Kaur, G. Jyot, « *Enhancement of attributes of cereals by germination and fermentation: A review* », *Crit Rev Food Sci Nutr*, n° 11, 2015, p. 1575-1589 (doi : 10.1080/10408398.2012.706661 ; PMID : 24915317).

93. L. Xu, P. Wang, B. Ali, N. Yang, Y. Chen, F. Wu, X. Xu, « *Changes of the phenolic compounds and antioxidant activities in germinated adlay seeds* », *J Sci Food Agric*, n° 12, 2017, p. 4227-4234 (doi : 10.1002/jsfa.8298 ; PMID : 28251647).

94. D. I. Skonberg, S. Fader, L. B. Perkins, J. J. Perry, « *Lactic acid fermentation in the development of a seaweed sauerkraut-style product: Microbiological, physicochemical, and sensory evaluation* », *J Food Sci*, n° 2, 2021, p. 334-342 (doi : 10.1111/1750-3841.15602 ; PMID : 33483957).

95. M. R. Swain, M. Anandharaj, R. C. Ray, R. Parveen Rani, « *Fermented fruits and vegetables of Asia: a potential source of probiotics* », *Biotechnol Res Int*, n° 2014, 2014 (doi: 10.1155/2014/250424 ; PMID : 25343046).

96. D. Kieffer, *Encyclopédie de revitalisation naturelle*, Sully, 2007, p. 287.

97. M. Blanc, *Propriétés et usage médical des produits de la ruche*, thèse pour le diplôme d'État de docteur en pharmacie, université de Limoges, 2010 (https://aurore.unilim.fr/theses/nxfile/default/f4981a6a-3bc4-438e-8e04-636b15f4617e/blobholder:0/P20103340.pdf).

98. A. Jiménez-Escrig, E. Gómez-Ordóñez, P. Rupérez, « *Seaweed as a source of novel nutraceuticals* : sulfated polysaccharides and peptides », *Adv Food Nutr Res*, n° 64, 2011, p. 325-337 (doi : 10.1016/B978-0-12-387669-0.00026-0 ; PMID : 22054959).
S. Cofrades, I. López-López, L. Bravo, C. Ruiz-Capillas, S. Bastida, M. T. Larrea, F. Jiménez-Colmenero, « *Nutritional and antioxidant properties of different brown and red Spanish edible seaweeds* », *Food Sci Technol Int*, n° 5, 2010, p. 361-370 (doi : 10.1177/1082013210367049 ; PMID : 21339154).

99. Opinionway pour Headspace, « Les Français et le stress », mai 2019 (https://www.opinion-way.com/fr/sondage-d-opinion/sondages-publies/opinion-societe/societe/autres-etudes-societe.html).

100. F. Guillain, *Mastiquer, c'est la santé. Retrouver le goût et le plaisir de manger*, Jouvence, 2015.
B. Rachman, « *Unique features and application of non-animal derived enzymes* », art. cit.

101. OMS, « Réduire la consommation de sel », avril 2020 (https://www.who.int/fr/news-room/fact-sheets/detail/salt-reduction).

102. K. Papier, T. Y. Tong, P. N. Appleby, K. E. Bradbury, G. K. Fensom, A. Knuppel, A. Perez-Cornago, J. A. Schmidt, R. C. Travis, T. J. Key, « *Comparison of major protein-source foods and other food groups in meat-eaters and non-meat-eaters in the EPIC-Oxford Cohort* », *Nutrients*, n° 4, 2019, p. 824 (doi : 10.3390/nu11040824 ; PMID : 30979052).
P. N. Appleby, T. J., « *Key the long-term health of vegetarians and vegans* », *Proc Nutr Soc*, n° 3, 2016, p. 287-293 (doi : 10.1017/S0029665115004334 ; PMID : 26707634).

103. J.-P. Willem, *Les Secrets du régime crétois. Le vrai passeport pour vivre centenaire*, Dauphin, 2007.

L. Serra-Majem, A. Ortiz-Andrellucchi, « *La dieta mediterránea como ejemplo de una alimentación y nutrición sostenibles : enfoque multidisciplinar* » [« *The Mediterranean diet as an example of food and nutrition sustainability: a multidisciplinary approach* »], *Nutr Hosp*, n° spec. 4, 2018, p. 96-101 (doi : 10.20960/nh.2133 ; PMID : 30070130).

104. S. Charoenkiatkul, W. Kriengsinyos, S. Tuntipopipat, U. Suthutvoravut, C. M. Weaver, « *Calcium absorption from commonly consumed vegetables in healthy Thai women* », *J Food Sci*, n° 9, 2008, p. 218-221 (doi : 10.1111/j.1750-3841.2008.00949.x ; PMID : 19021804).

E. F. Buzinaro, R. N. Almeida, G. M. Mazeto, « *Biodisponibilidade do cálcio dietético* » [« *Bioavailability of dietary calcium* »], *Arq Bras Endocrinol Metabol*, n° 5, 2006, p. 852-861 (doi : 10.1590/s0004-27302006000500005 ; PMID : 17160208).

105. *WHO monographs on selected medicinal plants*, n° 2, 2002, p. 303 (https://apps.who.int/iris/bitstream/handle/10665/42052/9241545372.pdf?sequence=2).

106. C. Vasey, J. Brandt, *Les Cures de santé. Régénération et détoxication. L'exemple de la cure de raisin*, Jouvence, 2004.

107. Blog Joozia, « Le jus vert, l'essence de la régénération » (https://joozia.com/passez-aux-jus-fruits-legumes/).

108. É. Baubeau, *Les Incroyables Vertus des jus de légume santé. Boostez votre vitalité !*, Jouvence, 2011.

109. R. E. Patterson, D. D. Sears, « *Metabolic effects of intermittent fasting* », *Annu Rev Nutr*, n° 37, 2017, p. 371-393 (doi : 10.1146/annurev-nutr-071816-064634 ; PMID : 28715993).

G. M. Tinsley, P. M. La Bounty, « *Effects of intermittent fasting on body composition and clinical health markers in humans* », *Nutr Rev*, n° 10, 2015, p. 661-674 (doi : 10.1093/nutrit/nuv041 ; PMID : 26374764).

N. M. Hussin, S. Shahar, N. I. Teng, W. Z. Ngah, « *Das SK. Efficacy of fasting and calorie restriction (FCR) on mood and depression among ageing men* », *J Nutr Health Aging*, n° 8, 2013, p. 674-680 (doi : 10.1007/s12603-013-0344-9 ; PMID : 24097021).

110. B. Dodet, « Les enjeux médicaux et sociétaux du microbiote », *Med Sci*, n° 11, 2016, p. 1003-1100 (doi : https://doi.org/10.1051/medsci/20163211017).
G. Corthier, « Flore intestinale et santé : quels enjeux ? », *Nutrition clinique et Métabolisme*, n° 2, 2007, p. 76-80 (https://doi.org/10.1016/j.nupar.2007.04.003).
111. M. Thibault, *Le Pollen apicole : ses propriétés et ses utilisations thérapeutiques*, thèse de pharmacie, université de Lorraine, 2017 (https://hal.univ-lorraine.fr/hal-01931932/document).

Notes

Crédits iconographiques

Aloe vera © Nenov Brothers, AdobeStock.
Cuillères et condiments © Kerdkanno, AdobeStock.
Cuillère et graines © Nopparat, AdobeStock.
Assiette saumon © Sea Wave, AdobeStock.
Fond texturé © Günter Albers, AdobeStock.

Reproduction de l'appareil digestif humain : Elena Ighil
à partir de © Mariana Ruiz, Jmarchn et LadyofHats, Wikimedia Commons, 2006.

Pictogrammes dessinés et créés par Jessica Maestripieri

Cet ouvrage a été achevé d'imprimer par la SEPEC en janvier 2022.
Imprimé en France. Numéro d'impression : 04875211102
Dépôt légal : février 2022

PEFC 10-31-1470

Certifié PEFC

Ce produit est issu de forêts gérées durablement et de sources contrôlées.

pefc-france.org